«¿Cuándo te vimos desnudo...?»

VIACRUCIS
Y SIETE PALABRAS

DESDE LA EXPERIENCIA DE SUFRIMIENTO
DE LAS VÍCTIMAS DE ABUSOS

LUIS ALFONSO ZAMORANO
Prólogo de IANIRE ANGULO ORDORIKA

PPC

Ilustración
Steve Erspamer, *Clipart. Imágenes para el año litúrgico. Ciclos A, B y C*,
PPC, Madrid

© 2024, Luis Alfonso Zamorano López
  luisalfmvd@gmail.com
  www.luisalfonsozamorano.com

© 2024, PPC, Editorial y Distribuidora, S. A.
  Parque empresarial Prado del Espino
  Impresores 2, 28660 Boadilla del Monte (Madrid)
  ppcedit@ppc-editorial.com
  www.ppc-editorial.es

ISBN: 978-84-288-4131-3
Depósito legal: M-4317-2024
Editado en la Unión Europea / *edited in European Union*
Impreso en la Unión Europea / *printed in European Union*

*Este viacrucis es un relato excelente
que presenta a Jesús como víctima,
cara a cara con el sufrimiento de otras víctimas.
En sus apuntes, que son oración,
Luis Alfonso Zamorano atraviesa,
estación tras estación, el abismo de oscuridad
que provocan los abusos.
Presenta una sanación esperanzadora,
tan anhelada por muchas víctimas
que deseamos, con nostalgia,
la fe y la espiritualidad que nos fue robada.*

Víctima anónima en proceso
de sanación y resurrección

PRÓLOGO

Todo cambia cuando escuchas a una víctima de abusos. Quienes, por un motivo o por otro, estamos sumergidos en esta problemática hemos experimentado en primera persona que es imposible permanecer inmutable cuando alguien te confía el drama de una vivencia de tal calibre, que rompe y desgarra toda la existencia. Cualquier idea teórica se desmorona al escuchar de verdad y acoger el testimonio de quienes han atravesado este infierno. Afecta, sin duda, y no solo a la manera en que nos acercamos y pensamos sobre este tema, pues también remueve la vida creyente. El sinsentido cuestiona las afirmaciones que, en otras épocas, podrían parecer inamovibles, y el mismo rostro de Dios adquiere matices diversos a la luz que ofrece las historias de tantos.

Esta experiencia de encuentro con quienes han sufrido abuso, tan dura como privilegiada, es la que rezuma el libro que tienes entre las manos. La vida y, sobre todo, Dios en ella le han regalado a Luis Alfonso Zamorano la oportunidad de poder acoger las historias sufrientes de muchas personas. Con este bagaje existencial, que toca y trastoca, Luis Alfonso nos ofrece la oportunidad de compartir esa nueva mirada que otorgan las víctimas a través de dos de las prácticas de piedad más populares: el viacrucis y las siete palabras. Y es que aquello que dice Cristo ante su propia muerte resuena de un modo distinto cuando se han escuchado los relatos de las víctimas y, de forma semejante, la senda hacia la cruz se ve con otros ojos cuando se ha contemplado la pasión en tantos rostros concretos.

Dice Pablo que, "cuando un miembro sufre, todo el cuerpo sufre con él" (1 Cor 12,26). Con todo, aún adolecemos de muchas dificultades para comprender por dentro a quienes han sufrido abusos sexuales. Este libro busca despertar la empatía y la capacidad de ponernos en la piel de las víctimas en aquellos que no lo somos directamente. Del mismo modo, contemplar a Jesucristo como quien ha vivido lo mismo que uno podría ayudar en la reconstrucción de ese tejido creyente que queda herido de muerte en quienes han sido abusados, de modo especial si se ha producido en el seno de la Iglesia. Eso sí, la intuición creyente de que el Señor permanece misteriosamente cerca del sufrimiento no debería pervertirse y convertirse en un sutil modo de acallar a las víctimas, espiritualizando una experiencia por la que nadie debería pasar jamás.

En función de este anhelo de generar sensibilidad y abrir caminos de sanación espiritual, Zamorano toma distancia de las estaciones tradicionales del viacrucis. Ajustándose y apoyándose siempre en los relatos evangélicos, va trazando la senda hacia la cruz por escenas que ponen aún más en evidencia cómo el Justo, injustamente ajusticiado, es la víctima por antonomasia. Él fue despojado de sus ropas, expuesto desnudo ante todos, torturado y violentado por el poder hasta la muerte, de manera que carga en su carne con sufrimientos en los que cualquiera que haya sufrido abusos podría encontrarse, de algún modo, reflejado.

A pesar de la dramática del tema, hay una constante e insistente invitación a la esperanza, pues el núcleo esencial de nuestra fe es esa misteriosa capacidad de la Vida, con mayúscula, para abrirse paso en medio de circunstancias de muerte. De este modo, el viacrucis y las palabras de Cristo en la cruz nos sacuden, paradójicamente, de la tentación de quedarnos aplastados bajo el peso del dolor, propio y ajeno. Al revés, nos abre a la resurrección y a su misterio, que es el quicio sobre el que pivota la experiencia creyente, por más que se escape de nuestras lógicas y razonamientos. Se nos invita así, una vez más, al desafío de mantener la esperanza, aun cuando todo parece contradecirla, y de reconocer su sutil rastro en tantas víctimas que se han convertido en supervivientes.

Aunque suene desconcertante, nos hace bien sumergirnos en el dolor con el Crucificado, especialmente cuando, como propicia este libro, eso nos abre a la esperanza de un Dios que no se queda impasible, que se identifica con los sufrientes y que, en la resurrección, da la razón a las víctimas. Nos hace bien orar, sin duda, personal y comunitariamente, con la propuesta de Luis Alfonso. Espero, querido lector o lectora, que así lo experimentes.

Ianire Angulo Ordorika
Doctora en Sagrada Escritura
Profesora en la Facultad de Teología
de la Universidad Loyola (Granada)

VI PALABRA   127
Todo está cumplido

VII PALABRA   131
A tus manos
encomiendo mi Espíritu

RESURRECCIÓN Y JUSTICIA 137

REFERENCIAS BIBLIOGRÁFICAS 145

VIACRUCIS

UN VIACRUCIS DESDE LAS VÍCTIMAS DE ABUSOS

A lo largo de los siglos, el viacrucis ha sido una práctica de piedad que ha nutrido la fe y la devoción de miles y miles de cristianos. Allí donde he estado como misionero, siempre acudía más gente al viacrucis que a la vigilia pascual. Recuerdo, por ejemplo, vivir en San Bernardo (Chile) viacrucis de cuatro horas con cientos de personas recorriendo las calles con sus velas encendidas como antorchas. Casi las cuatro horas del camino iba escuchando confesiones sin parar. Tal vez este "éxito" se deba a que nos suele ser más fácil identificarnos y solidarizarnos con el dolor ajeno que con sus alegrías y triunfos. Contemplar a Jesús en su pasión nos ayuda a hacernos más conscientes de su extremo de amor por nosotros, de hasta dónde llegó libre y voluntariamente por nuestra salvación. A su vez, se trata de una verdadera escuela de amor: Jesús nos enseña cómo amar, también en medio de las situaciones difíciles y adversas del camino.

Este viacrucis sigue la estela de la línea trabajada en el libro *Te llamarán mi favorita*, también publicado en esta editorial PPC. En un principio, fue elaborado como parte del libro. Venía justo después del capítulo donde afronto la pregunta de si Jesús pudo ser víctima de abusos sexuales durante su pasión. Para facilitar su difusión y que sea más fácil leerlo y rezarlo, se ha optado por proponerlo como una publicación independiente, que ha dado lugar al pequeño libro que tienes en las manos. Aunque puede rezarse en comunidad, está pensado sobre todo para orarlo de forma personal y, por lo mismo, después de cada estación verás que hay espacio para escribir la oración o hacer las anotaciones que uno quiera.

Aun con la limitación que tiene el hecho que de que yo no sea una víctima directa, he tratado de elaborar este viacrucis desde la perspectiva de las víctimas y supervivientes, que me ha sido regalada fruto de las muchísimas horas de escucha, de convivencia y de encuentro con ellas a lo largo ya de veinte años. Jon Sobrino, en su famoso ensayo sobre la fe en Jesucristo[1], se preguntaba si era posible asumir la perspectiva de las víctimas sin serlo: "¿Podemos los no-víctimas hacer teología cristiana [o hacer un viacrucis] desde la perspectiva de las víctimas?".

La única respuesta posible que encuentra Sobrino "es la solidaridad con ellas y el llevarse mutuamente en la fe". Es entonces cuando "se abren los ojos de las no-víctimas para ver las cosas de diferente manera. Que esa nueva visión coincida a cabalidad con la de las víctimas es algo que, pienso yo, nunca llegaremos a saber del todo. Pero creo que nuestra perspectiva puede cambiar porque las víctimas nos ofrecen una luz específica para «ver» lo que llamamos «objetos» de la teología: Dios, Cristo, gracia, pecado, justicia, esperanza, encarnación, utopía, etc. Los pobres y las

---

[1] Aunque algunas de las tesis de esta obra fueron refutadas públicamente por la entonces Congregación de la Doctrina de la Fe, por "subrayar en demasía la humanidad de Cristo, ocultando su divinidad", considero que su intento por asumir la perspectiva de las víctimas y su grito de liberación, como condición esencial de una fe verdadera en Jesucristo (la víctima por excelencia) sigue siendo un aporte luminoso y desafiante para toda la Iglesia, "a ver si se abren de una vez los ojos de los no-víctimas".

víctimas aportan a la teología algo más importante que contenidos: aportan luz para que los contenidos puedan ser vistos adecuadamente"[2].

¡Cuánta razón tiene Sobrino, que se libró de la matanza en las que sus compañeros jesuitas fueron asesinados en El Salvador, por encontrarse fuera del país! En el contacto con las víctimas, que son la carne doliente de Cristo, he ido poco a poco obteniendo una nueva luz, sobre la palabra de Dios y nuestras fuentes de espiritualidad, que me ha enriquecido inmensamente y ayudado a conocer mejor a Jesús.

Por otra parte, como dirá también Sobrino, "ese Jesucristo así conocido ayuda a comprender mejor a las víctimas y, sobre todo, a trabajar en su defensa"[3].

Verás que las estaciones no coinciden con las del viacrucis tradicional. Siguiendo los relatos de la pasión, he escogido aquellos pasajes que me parecen más significativos a la hora de que las víctimas-supervivientes puedan ver reflejada su experiencia de victimización en quien es la víctima por excelencia: Jesús.

He cambiado, por ejemplo, las tres caídas de Jesús (que, por cierto, no aparecen en los evangelios) por las tres veces que Jesús fue desnudado, y que sí están recogidas en los textos bíblicos. Afronto el despojo de sus vestiduras y la exposición pública de sus genitales, al que fue sometido en varias ocasiones Jesús, especialmente en la cruz, como un auténtico

---

[2] J. SOBRINO, *La fe en Jesucristo. Ensayo sobre las víctimas,* Trotta, Madrid 1999, 28-30.

[3] *Idem, ib.,* 28-30.

hecho de abuso sexual que buscaba la máxima degradación y humillación de la víctima.

Para profundizar en este tema, te recomiendo leer el capítulo "Un Dios víctima: ¿también de abuso sexual?" del mencionado libro *Te llamarán mi favorita*. Impresiona ver cómo nuestro Señor sufre en su pasión la misma dinámica y consecuencias de los abusos sexuales, de conciencia y de autoridad.

Este Jesús "sabedor de dolencias" y solidario hasta el extremo con las víctimas es el único que puede tener una palabra válida de aliento, consuelo y esperanza que no defrauda para todas las víctimas de la historia.

Solo el cordero-víctima degollado tiene derecho de abrir el libro de nuestras vidas (rotas y malheridas) y romper los sellos que nos mantienen encerrados en nuestros miedos y dolores (*cf.* Ap 5, 1-9). Solo la víctima puede mirar a los ojos de las víctimas. Solo un Dios con heridas es digno de tocar nuestras llagas. Solo la certeza de su amor, más fuerte que todas las muertes, puede sanarlas.

Por otro lado, también asombra cómo las actitudes del abusador y sus encubridores están presentes en todo el camino de la pasión de Jesús. A ellos también va dirigido el viacrucis, con la esperanza de que al rezarlo puedan conmoverse y sentir la gracia de la conversión, que lleva al reconocimiento de los delitos y a tratar de reparar el daño causado lo más posible.

Como afirma el testimonio de un superviviente, contemplar a Jesús víctima de abusos "podría, tal vez, convencer a los miembros de la jerarquía de la Iglesia de que las víctimas no son reprochables y podría ayudar a combatir la tendencia siempre presente de la jerarquía a enterrar todos estos abusos en el silencio. [...] También podría ser un incentivo para que los miembros de la Iglesia tomen en serio el sufrimiento de las víctimas"[4].

He escrito estas meditaciones haciendo mía la esperanza de un superviviente que decía lo siguiente: "Creo que, si la gente de la Iglesia identifica a Jesús como víctima de abusos, les sería más fácil ver a Jesús en los que somos víctimas y nos amarían más"[5].

Ojalá que, al meditar el viacrucis, nos sintamos desafiados ante esa dolorosa pasión que se prolonga en tantas vidas sabedoras de dolencias, entre las cuales se encuentran las víctimas de todo tipo de abusos, y tal vez nuestra propia vida. No hacemos un simple recordatorio de lo que Jesús padeció. Su pasión es viva y actual en la carne sufriente de muchos hombres y mujeres de nuestro mundo. Es un viacrucis que se prolonga con la esperanza de que algún día llegue la luz y el gozo de la resurrección.

Para concluir esta introducción, te dejo aquí algunos pedazos de esta conmovedora oración que hizo el papa Francisco durante el viacrucis que presidió con los jóvenes en la jornada mundial de Panamá:

Padre, hoy el viacrucis de tu Hijo se prolonga:
se prolonga en el grito sofocado
de los niños a quienes se les impide nacer

---

[4] R. Figueroa y D. Tombs, "Viendo su inocencia, veo mi inocencia. Explorando respuestas a la idea de Jesús como víctima de abuso sexual", en D. Portillo (coordinador), *Abusos y reparación. Sobre los comportamientos no sexuales en la Iglesia*, PPC, Madrid 2021, 109.

[5] *Idem, ib.*, 109.

y de tantos otros a los que se les niega
el derecho a tener infancia, familia, educación;
en los niños que no pueden jugar, cantar, soñar;
se prolonga en las mujeres maltratadas, explotadas,
despojadas y ninguneadas en su dignidad; [...]
se prolonga en la angustia de rostros jóvenes
que caen en las redes de gente sin escrúpulos
(entre ellas también se encuentran personas
que dicen servirte, Señor),
redes de explotación, de criminalidad y de abuso,
que se alimentan de sus vidas.

El viacrucis de tu Hijo se prolonga
en tantos jóvenes y familias que,
absorbidos en una espiral de muerte
a causa de la droga, el alcohol, la prostitución y la trata,
quedan privados no solo de futuro,
sino de presente.

Y así como repartieron tus vestiduras,
Señor, queda repartida y maltratada su dignidad.

Y un poco antes, el papa Francisco había orado así:

Señor Jesús, en la cruz te identificaste
con todo sufrimiento,
con todo aquel que se siente olvidado. [...]
Quisiste abrazar a todos aquellos
que muchas veces no nos consideramos
dignos de un abrazo, de una caricia, de una bendición; [...]
en la cruz te unes al viacrucis de cada joven,
de cada situación, para transformarla
en camino de resurrección.

¡Que así sea!

¿Qué me gustaría pedirle o decirle a Jesús al iniciar este viacrucis? Si te ayuda, puedes escribir aquí tu oración.

Si te ayuda, puedes empezar el viacrucis con esta preciosa canción:

www.e-sm.net/222892_01

ESTACIÓN

Jesús es traicionado por Judas con un beso

V/. Te adoramos, oh, Cristo, y te bendecimos.
R/. Porque por tu santa cruz redimiste al mundo.

LECTURA BÍBLICA

El que viene a verme habla con fingimiento, disimula su mala intención. [...] Incluso mi amigo, de quien yo me fiaba, que compartía mi pan, es el primero en traicionarme.

Sal 40,7.10

MEDITACIÓN

Se ha dicho muchas veces: la mayoría de los abusos son cometidos por personas cercanas, de las que en principio nada podría sospecharse. Por lo mismo, el abuso es una brutal herida a la confianza. También Jesús experimentó esta traición: uno de los doce, de sus íntimos, de los más cercanos, lo vende por treinta monedas y lo entrega a la muerte. Fíjate el detalle: lo traiciona con un beso. Es la perversión del gesto, del lenguaje corporal. El beso, que usamos para expresar afecto, cariños, ternura, etc., aquí es (*ab-*) usado para traicionar. ¿Acaso no es lo mismo que experimentan las víctimas? Una superviviente le decía a Jesús: "Tú sabes lo que me cuesta volver a confiar en los demás y recuperar la inocencia. Me cuesta discernir cuándo las manifestaciones de amor son puras y nacen de la ternura. Ayúdame, ten piedad''. Una vez más, contemplamos aquí a Jesús sufriendo por delante de nosotros.

Por último, si en alguna ocasión también nuestra expresión del amor ha sido falsa, egoísta, impura y manipuladora, dejémonos mirar por Jesús con misericordia: ''A pesar de todo, siempre te ofreceré mi amistad, podrás contar conmigo''. Como a Judas, también nos llama ''amigo''.

ORACIÓN

Puedes aquí seguir la típica estructura del padrenuestro, avemaría y gloria o hacer la oración que te brote del corazón a la luz de la Palabra de Dios comentada en la meditación. Si quieres, puedes escribir aquí tus notas, pensamientos, sentimientos, lo que crees que Dios te dice, lo que tú le dices a él, etc. También en algunas estaciones he puesto canciones que tal vez pueden enriquecer y apoyar tu oración.

‖ ESTACIÓN

Jesús, víctima negada y abandonada por sus amigos

V/. Te adoramos, oh, Cristo, y te bendecimos.
R/. Porque por tu santa cruz redimiste al mundo.

LECTURA BÍBLICA

Pronto, muy pronto, todos ustedes huirán,
cada uno por su lado, y me dejarán solo.
Pero no estaré solo, porque Dios mi Padre
está conmigo.

Jn 16,32

MEDITACIÓN

Contemplamos aquí la extrema soledad de Jesús. Todos sus amigos huyen, le dan la espalda. Incluso aquel que ha sido elegido como roca sobre la que construir la Iglesia niega conocerlo. Es lo mismo que experimentan tantas y tantas víctimas. ¡Cuántos se apartan de su herida, cuántos dejan hasta de dirigirles la palabra, como si las víctimas estuvieran apestadas!

Recuerdo el llanto de una mujer que recién cerca de sus cincuenta años logró romper su silencio: su hermano mayor había abusado de ella cuando era una niña. Esperando encontrar comprensión en sus padres, lo único que consiguió fue rechazo: "A estas alturas de la vida vienes a estropear nuestra ancianidad, a destruir la familia". Casi todos los miembros de la familia la dejaron de hablar. No podían perdonarla el no haberse guardado su secreto.

Recuerdo también aquel sacerdote que había sido víctima de otro sacerdote mientras estaba en el seminario, al que su obispo recriminó por denunciar los abusos después de tantos años, y "no haber llevado como Jesús en silencio ese dolor y haberlo ofrecido: ¿no te das cuenta de la crisis que esto genera en la diócesis y de la carnaza que estás dando a los periódicos?".

Solo cuenta salvar el propio pellejo, la familia, la institución. El dolor de la víctima, sus necesidades y curación no importan. ¡El rostro de la víctima aterra! "Desfigurado, sin belleza, como uno ante quien se vuelve el rostro", clama el profeta Isaías hablando del siervo doliente. Este sacerdote me contaba con mucho dolor cómo algunos compañeros curas y otros laicos cambiaban de acera cuando se cruzaban con él en la calle, haciendo como que no le veían.

Impresiona el realismo con el que los salmos han recogido esta experiencia:

> A causa de todos mis adversarios, he llegado a ser objeto de oprobio, especialmente para mis vecinos, y causa de espanto para mis conocidos; los que me ven en la calle huyen de mí. **Sal 31.11**

> Mis amigos y mis compañeros se mantienen lejos de mi llaga, y mis parientes se mantienen a distancia. **Sal 38,11**

> Mira a la derecha, y ve, porque no hay quien me tome en cuenta; no hay refugio para mí; no hay quien cuide de mi alma. **Sal 142,4**

> Se han alejado de mí mis amistades, me han hecho objeto de repugnancia para ellos; encerrado estoy y no puedo salir. Mi compañía son las tinieblas. **Sal 88,8**

ORACIÓN

Este puede ser un momento para clamarle a Jesús y decirle:"Vuelve a mí tu rostro y tenme compasión, pues me encuentro solo y afligido. Crecen las angustias de mi corazón; líbrame de mis aflicciones" (Sal 25,16-17). Ojalá como Jesús, que también sufrió esa soledad y abandono extremo, podamos también descubrir que, a pesar de todo, no estamos solos: el Padre está siempre con nosotros.

III ESTACIÓN

Jesús, víctima burlada y ninguneada por Herodes y su corte

V/. Te adoramos, oh, Cristo, y te bendecimos.
R/. Porque por tu santa cruz redimiste al mundo.

LECTURA BÍBLICA

Al ver a Jesús, Herodes se alegró en gran manera, pues hacía mucho tiempo que lo quería ver por lo que había oído hablar de él, y esperaba ver alguna señal que él hiciera. Lo interrogó extensamente, pero Jesús nada le respondió. Los principales sacerdotes y los escribas también estaban allí, y lo acusaban con vehemencia.

Entonces Herodes, con sus soldados, después de tratar a Jesús con desprecio y burlarse de él, lo vistieron con un espléndido manto. Después Herodes lo envió de nuevo a Pilato. Aquel mismo día Herodes y Pilato se hicieron amigos, pues antes habían estado enemistados el uno con el otro.

Lc 23,8-12

MEDITACIÓN

Pilato trata de quitarse el problema enviándoselo a Herodes. Jesús es llevado de aquí para allá. Es semejante a lo que las familias y los líderes de la Iglesia hacen en muchas ocasiones con las víctimas: se pasan la pelota unos a otros, los someten a procesos canónicos opacos y de dudosa parcialidad, a esperas interminables. "Aquel día, Pilatos y Herodes se hicieron amigos", dicen los evangelios. ¿Cuántas amistades se habrán hecho a costa de las víctimas? Tienen que contar su testimonio una y mil veces, en una revictimización que solo ahonda el dolor. Herodes acribilla con preguntas a Jesús, igual que las víctimas-supervivientes lo son por familiares, jueces, abogados, fiscales, asistentes sociales, psicólogos, forenses, etc. en los largos y penosos procesos judiciales.

A Herodes no le importa la verdad ni el hecho de que pueda estar ante una víctima inocente. Una vez más vemos a Jesús víctima de las burlas, del desprecio, de todo lo que se hace para desacreditarlas. En el fondo, como dice Martín Descalzo:

> El ser humano se burla de todo lo que lo excede. Cree con ello sentirse superior. Participaba con ello Jesús (pero multiplicado) del destino de todas las personas grandes de quienes el mundo se ha reído siempre. La carcajada y el sarcasmo son el arma de los débiles que, además de débiles, son cobardes.

Ante este cinismo y falta de asunción de responsabilidades, muchas víctimas se rinden. Optan por el silencio, como Jesús ante Herodes. ¿Para qué hablar si no van a ser creídas, si al final se van a reír de ellas, si no se van a conseguir justicia, etc.? No quieren sufrir más. Eso sí, en Jesús ese no abrir la boca expresa también su señorío, su grandeza. No está dispuesto a seguir su juego macabro. Es el silencio inteligente de quien no le teme y desprecia su poder. Es un silencio que desenmascara su perversión, su indiferencia y sed insaciable de poder.

Jesús con su silencio desprecia "el poder" de Herodes, tratándole a como a un don nadie. Herodes desperdició la oportunidad de su vida; tuvo a Dios, a su Salvador delante de él, y no supo reconocerle. Lo mismo que a veces pasa en quienes ostentan el poder: no saben descubrir y reconocer el rostro de Dios en las víctimas. Acogerlas, defenderlas y cuidarlas sería su salvación.

ORACIÓN

Si te ayuda, escribe la oración que te brote a la luz de esta meditación. Tal vez, puedes pedir esa fuerza interior para no ceder ante el juego de las burlas y los desprecios.

IV ESTACIÓN

Jesús, víctima juzgada injustamente

V/. Te adoramos, oh, Cristo, y te bendecimos.
R/. Porque por tu santa cruz redimiste al mundo.

LECTURA BÍBLICA

Pilato le dijo: "¿Luego tú eres Rey?"
Respondió Jesús: "Sí, como dices, soy Rey.
Yo para esto he nacido y para eso he venido
al mundo: para dar testimonio de la verdad.
Todo el que es de la verdad, escucha mi voz".
Le dice Pilato: "¿Qué es la verdad?".

Y, dicho esto, volvió a salir donde los judíos
y les dijo: "Yo no encuentro ningún delito en él.
Pero es costumbre entre vosotros que os ponga
en libertad a uno por la Pascua. ¿Queréis, pues,
que os ponga en libertad al Rey de los judíos?".

Ellos volvieron a gritar diciendo: "¡A ese no;
a Barrabás!" Barrabás era un salteador.

Jn 18,37-40

MEDITACIÓN

He sido testigo de cómo las personas juzgan tantas veces
a las víctimas: "¿Después de tantos años, ¿a qué vienen a
contarlo ahora?" o "solo están buscando dinero o tratando
de dañar a la Iglesia". He presenciado procesos donde el
sacerdote culpable presentaba "testigos" (otros sacerdotes y exseminaristas) cuya única misión era desacreditar a
la víctima, sin apenas conocerla. Es la estrategia de siempre: el poder abusivo que trata de condenar al inocente
al aislamiento y a una soledad espantosa (*cf.* Mt 27,12-13).

También las víctimas tienen la triste experiencia de que Barrabás (el delincuente) es preferido al inocente. ¡Cuántas veces las familias y la Iglesia ha preferido proteger al abusador antes que a la víctima inocente! (*cf.* Mt 27,21-22). ¡Cuántas veces los líderes de la Iglesia, aun sabiendo que las víctimas eran inocentes, se han lavado las manos, buscando lo fácil, evitando el conflicto, prefiriendo ser amigos del César para salvar sus privilegios!

Jesús le dice a Pilato que "todo el que escucha su voz sigue la voz de la verdad". No escuchar la voz de las víctimas y su clamor es no escuchar la voz de Jesús. Es optar por el camino de la mentira. Es huir de la verdad que nos hace libres (*cf.* Jn 8,32). Como Jesús, las víctimas son cuestionadas: "¿Qué es la verdad?". Ni siquiera esperó a una respuesta. Si no le hubiera dado la espalda, seguramente la historia hubiera tenido otro final. Si las víctimas fueran escuchadas de verdad, seguramente otro gallo cantaría.

De hecho, ahí estuvo la conversión del papa Francisco. No es que no fuera sensible a este tema, pero fue justo en sus encuentros con los supervivientes donde experimentó una profunda conversión. El Papa, al igual que mucha gente, no sospechaba cuánto los abusos podían "hipotecar" la vida. Palpar tan crudamente su sufrimiento marcó un antes y un después.

Por algo escribirá en la *Carta al pueblo de Dios* eso de que las "heridas no prescriben". Desde su propia experiencia, Francisco ha pedido en muchas ocasiones que los líderes de la Iglesia se encuentren con las víctimas, porque es el único modo de convertir realmente nuestro corazón a la cultura del cuidado. Y si un hombre anciano de más de ochenta años, como tenía el Papa entonces, pudo convertirse, tenemos esperanza.

ORACIÓN

Puedes escribir aquí la oración que te brote a la luz de esta meditación.

V ESTACIÓN

Jesús es desnudado
por primera vez

V/. Te adoramos, oh, Cristo, y te bendecimos.
R/. Porque por tu santa cruz redimiste al mundo.

LECTURA BÍBLICA

Entonces los soldados del procurador
llevaron consigo a Jesús al pretorio y reunieron
alrededor de él a toda la cohorte. Lo desnudaron
y le echaron encima un manto púrpura.

Mt 27,27

MEDITACIÓN

Entramos de lleno, propiamente, en la contemplación de los abusos sexuales que sufrió Jesús. El hecho de ser desnudado y que su intimidad fuera expuesta ante los demás, sin ningún tipo de pudor, es una clara agresión sexual. No sabemos si entre las humillaciones que Jesús sufrió en el pretorio pudo haber alguna de connotación sexual, pero como he comentado en otras ocasiones, de la mano de otros autores, tampoco lo podemos descartar[6].

En los testimonios recogidos por Rocío Figueroa y David Tombs, una superviviente cuenta lo que significa para ella esta contemplación:

---

[6] R. FIGUEROA y D. TOMBS, "Viendo su inocencia, veo mi inocencia. Explorando respuestas a la idea de Jesús como víctima de abuso sexual", en D. PORTILLO (coordinador), *Abusos y reparación. Sobre los comportamientos no sexuales en la Iglesia*, PPC Madrid 2021.

Sí, es una ayuda, un alivio, una fuente de consuelo para mí. Esto de ninguna manera devalúa mi propia experiencia de dolor, todo lo contrario. [...]

Saber que Jesucristo, Hijo de Dios e Hijo del hombre, ha sido realmente el portador de todos nuestros sufrimientos y todas nuestras enfermedades, incluso en el área íntima y casi indescriptible de la sexualidad, se convierte, en mi opinión, en una fuente de consuelo para las víctimas de abuso, especialmente para aquellos que hemos sido abusados por sacerdotes y religiosos.

Esta es una contemplación difícil, pues puede hacer aflorar los recuerdos del primer o de los primeros abusos. Si no te sientes con fuerzas para seguir, no te preocupes. Déjalo. Abandona la lectura y la meditación. No hay que forzar las cosas. Lo importante de este momento es ver cómo Jesús puede comprenderte hasta el fondo.

Jesús experimentó en su propia carne la misma vergüenza e indefensión, nuestros mismos dolores, para poder transmitirnos la esperanza de que el abuso y sus consecuencias no tienen por qué tener la última palabra en nuestra vida.

ORACIÓN

Escribe la oración que te brote en este momento.

VI ESTACIÓN

Jesús, víctima de abusos de poder y maltrato

V/. Te adoramos, oh, Cristo, y te bendecimos.
R/. Pues por tu santa cruz redimiste al mundo.

LECTURA BÍBLICA

Trenzando una corona de espinas se la pusieron sobre su cabeza, y en su mano derecha una caña; y doblando la rodilla ante él, le hacían burla diciendo: "Salve, rey de los judíos". Y después de escupirle, cogieron la caña y le golpeaban la cabeza.

Mt 27,29-30

MEDITACIÓN

Jesús es objeto de "burlas" por parte de estos soldados que no ven en él una persona, sino un objeto con el que divertirse y salir de la monotonía. Él atraviesa esa experiencia de ser humillado hasta el fondo, ridiculizado inhumanamente. Aquí es víctima del abuso de poder y de autoridad por parte de estos soldados. El maltratador siente un placer extraño e inconfesable haciendo sentir su poder y su superioridad sobre su víctima.

El abuso de autoridad y de conciencia genera síntomas muy semejantes a los que sufren las víctimas del maltrato intrafamiliar: síntomas de estrés postraumático, incluyendo trastornos depresivos y crisis de ansiedad, y también una profunda inseguridad que los hace sentirse incapaces de tomar decisiones por sí mismas. En los casos menos graves, se observan hondos temores, parálisis, inseguridad, preocupación por querer siempre agradar, etc. El abuso de conciencia y de autoridad también destruyen la autoestima, hace sentir que no vales nada, o peor: que solo vales para satisfacer las necesidades del abusador.

Dice un autor que quien no ha podido gozar del mayor de los placeres (que es el ser amado) busca después compensar esa carencia "sometiendo a los otros". El abuso de poder siempre tiene un elemento de venganza: "Como no me amáis, entonces os controlo". No es descabellado decir que seguramente aquellos soldados, embrutecidos y deshumanizadores, habían sido previamente víctimas de múltiples abusos en su vida.

No digo esto para justificar su comportamiento agresivo y la tortura que ejercían, sino para tratar de comprender el origen de su comportamiento abusivo. De hecho, si la víctima no trabaja su historia y su dolor, puede terminar identificándose con el abusador y cometer los mismos o parecidos hechos abusivos.

ORACIÓN

Podemos orar por todas esas víctimas de abuso de conciencia y autoridad que han sido maltratadas y humilladas de mil maneras, muchas veces "en nombre de Dios".

VII ESTACIÓN

Jesús es desnudado por segunda vez

V/. Te adoramos, oh, Cristo, y te bendecimos.
R/. Porque por tu santa cruz redimiste al mundo.

LECTURA BÍBLICA

Cuando se hubieron burlado de él,
le quitaron el manto, le pusieron las ropas
y lo llevaron a crucificarlo.

Mt 27,31

MEDITACIÓN

Nuevamente Jesús es desnudado (le quitan ese inquietante manto púrpura) y es vestido, pero no para devolverle su dignidad, sino para llevarlo a crucificar. En esta estación, quisiera detenerme en la triste experiencia que tienen muchos supervivientes de volver a sufrir abusos a lo largo de su vida, debido a lo que algunos autores llaman, "indefensión aprendida".

El siguiente testimonio de una persona que he acompañado expresa la lucha dramática, los dinamismos interiores que están en juego y las consecuencias de quien ha sufrido abusos, desde su más tierna infancia, por distintas personas a lo largo de su vida:

Es como si la vida fuera un bucle, en el que se repite una y otra vez lo que tú más temes. A veces, siento como si llevara escrito en la frente un cartel que dice: "Soy fácil porque no me sé defender". Cuando por fin logro percibir el peligro y la dinámica abusiva en la que he sido envuelta, ahí, en ese punto, hay una encrucijada con varias opciones.

La primera que querría elegir es la de defenderme como lo haría cualquier persona asertiva. Incluso, lo he ensayado muchas veces, y lo único que me sale es un temor terrible por perder todo aquello que me une a los demás, y que desgraciadamente parece que siempre tiene que acabar en algo sexual. Otra opción que me viene a la mente es huir y desaparecer. A veces se puede conseguir momentáneamente, pero la huida no siempre es posible. Otra opción consiste en decir: "Bueno, voy a aceptar las condiciones, así no pierdo el vínculo afectivo, trataré de no pensar, me someteré y conseguiré que así no pase nada, todo seguirá igual, y luego a vivir como si no hubiera sucedido". Sin embargo, esto luego no funciona. Y la otra opción que a mí me suele suceder, después de haber intentado todas las demás, es: "En realidad, yo soy más fuerte que mi abusador, soy yo la que le va a utilizar a él, va a ver lo que es bueno"; y entonces te transformas. Esta última solución parece que funciona en el momento, pero después siempre aparece tu yo real herido, dolido, culpabilizado y destrozado por lo que ha pasado.

Has podido disimular ante ti un rato, pero no más; después viene el desastre, el hundimiento, la misma pesadilla que se repite en tu vida una y otra vez, y el preguntarte tantas veces "por qué soy así, por qué siento tanto desprecio y asco por mí misma, por qué me siento tan sucia".

Y no ves ninguna esperanza, no ves cómo salir otra vez del hoyo tan profundo en el que caes, cómo seguir adelante como si nada hubiera sucedido, cómo hacer para que no vuelva a suceder. Al final, solo hay impotencia; nada más que impotencia y oscuridad.

Tengo que decir que esto lo escribe una persona que lleva varios años de camino; de hecho, se nota el trabajo interior y la conciencia sobre las propias reacciones y dinamismos interiores. Esto lo escribe después de que, por primera vez en su vida, ha podido romper ese bucle. Gracias a la terapia y a la gente que la acompañaba en ese momento, sí pudo detener la agresión y, gracias a Dios, la cosa no fue a mayores.

Jesús tampoco fue desnudado una vez, ni dos, sino al menos tres. Y si seguimos la costumbre de los romanos de azotar a sus víctimas desnudas, tendríamos de hablar incluso de una cuarta. Una vez más, se evidencia su extrema solidaridad con nuestros sufrimientos.

Jesús, tú que también experimentaste esa impotencia, esa incapacidad de defenderse, te pedimos por todos aquellos que en su vida vuelven a ser revictimizados. Ayúdales a no culpabilizarse, juzgarse ni condenarse a sí mismos; que puedan tratarse con ternura, como el Padre Dios nos trata, y que tu resurrección les otorgue la esperanza de que es posible romper ese círculo vicioso.

ORACIÓN

Si te ayuda, escribe tu propia oración.

VIII ESTACIÓN

Jesús, víctima, hace consciente a Pilato de su poder

V/. Te adoramos, oh, Cristo, y te bendecimos.
R/. Porque por tu santa cruz redimiste al mundo.

LECTURA BÍBLICA

Pilato le dice: "¿No me hablas a mí?
¿No sabes que tengo poder para soltarte
y poder para crucificarte?".
Respondió Jesús: "No tendrías poder alguno
contra mí si no te fuera dado de lo alto".

Jn 19,10-11

MEDITACIÓN

Cuando Pilato escucha que Jesús se tiene por Hijo de Dios, trata aún más de liberarlo. Desde un principio, sabe que está ante alguien inocente, sin embargo, sus decisiones, por intentar agradar a todos, hasta ese momento habían sido un desastre. Jesús ya había sido azotado.

Que sobreviviera a eso era casi un milagro. Ha sido objeto de las burlas de los soldados y el pueblo ha preferido liberar a Barrabás. Pero aún Pilato tiene una última palabra. Está en sus manos librarle: "¿No sabes que tengo poder para soltarte o poder para crucificarte?". Sí, da vértigo pensarlo. Tenemos poder. El poder y la autoridad en sí mismo no es algo negativo. Depende cómo se use. Cada vez que una persona me abre el corazón y de alguna forma se pone en mis manos para ser acompañada o recibir ayuda espiritual, percibo ese poder.

Es tremendo el ministerio del acompañamiento, porque sientes que la persona te deja entrar en su conciencia, en su núcleo más profundo, en el sagrario de su corazón donde resuena la voz de Dios. Es tan sagrado y delicado lo que ahí sucede, entre Dios y la persona, que a nadie le es lícito tratar de suplantar la voz de Dios o manipularla.

Por eso se nos pide ser muy delicados, descalzarnos ante la conciencia del otro y estar muy atentos para no usar ese poder jamás en beneficio propio o dañar al otro, incluso inadvertidamente. No se nos puede olvidar que es un poder que hemos recibido de lo alto, no por nuestros méritos o capacidades especiales, sino por pura gracia. Es un poder para hacer el bien, para "soltar" las cadenas injustas y los yugos que oprimen (cf. Is 58,6).

Sin embargo, también con ese poder podemos crucificar y condenar inocentes. Ya sabemos cómo termina la historia. Pilato al final lo usa para su salvar su propio pellejo, su puesto, para evitar el conflicto y no perder la amistad del César, aunque sea a costa de condenar a muerte ignominiosa a un inocente.

Esta estación es sin duda una llamada para quienes ostentan el poder y el servicio de la autoridad en la Iglesia. Tienen un gran poder en relación con las víctimas. Podrían hacerles mucho bien. La siguiente experiencia me hizo consciente de ese poder, que en muchas ocasiones omiten. En una ocasión, por iniciativa, pedí audiencia a un obispo para compartirle mi inquietud sobre algunas víctimas con las que había estado en contacto y que años después seguían sintiendo en carne viva las heridas del abuso. Los hechos habían acaecido ya hacía casi cuarenta años, y el sacerdote que abusó de estos menores había sido condenado por el Vaticano y apartado definitivamente del ministerio.

Lamentablemente, no pudo haber juicio civil porque, cuando los supervivientes pudieron romper su silencio, ya los delitos estaban prescritos, y tampoco habían recibido ningún tipo de reparación. Recuerdo que el evangelio de aquel día era el del leproso que se postra a los pies de Jesús y le dice: "Señor, si quieres puedes curarme" (Mc 1,42). Yo sentía que iba en nombre de estos hermanos con la misma oración:

> Madre Iglesia: si quieres puedes curarles, tienes en tus manos el poder de aliviar su dolor y de ayudar a recomponer los pedazos de estas vidas rotas. Que puedan cerrar de una vez las heridas. Solo hace falta que su dolor te alcance y se conmuevan tus entrañas, como se conmovió Jesús ante este leproso: "Extendió la mano y le dijo: «¡Quiero! Queda limpio»". Madre Iglesia: si tú también quisieras…

Con esta cita bíblica en el corazón, le expuse la situación desesperada de algunas de estas víctimas-supervivientes. Le conté cómo el abuso había hipotecado sus vidas. Le comuniqué el sufrimiento que estaban viviendo, hasta tal punto que yo mismo en la conversación me conmoví y se me saltaron las lágrimas. Cuando después reflexioné sobre lo que me había pasado, me sorprendió y me agradó, porque significó para mí que, a pesar de escuchar tantas historias y acompañar tantas vidas rotas, gracias a Dios, no me había acostumbrado. Sentí que Dios me regalaba, por puro amor, formar parte de los bienaventurados: "Felices los que aún lloran ante el dolor de sus hermanos".

Desgraciadamente, no sentí que el señor obispo se conmoviera gran cosa, e incluso me llegó a decir que "eran víctimas complicadas". Le insistí: "¡Ya! Pero son nuestras víctimas [recalqué lo de nuestras víctimas], sus familias confiaron en la Iglesia y fueron traicionadas; uno de nuestros hermanos destrozó la vida de estos niños que hasta el día de hoy siguen sufriendo las consecuencias del abuso". Solo silencio. Ninguna respuesta. No esperaba mucho, pero tenía alguna luz de esperanza. Salí de allí triste.

Cuando después me puse a orar, me venían estas palabras. "Está embotado el corazón; por más que miran no ven". No se quiere ver su sufrimiento; nos desinstalaría demasiado. No queremos convertirnos. Como dijo un canonista cuando fue confrontado por la forma en la que se llevaban ciertos procesos canónicos: "Uf, es que eso significaría reconocer que algunas cosas las hemos estado haciendo mal hasta ahora". Pues eso, la humildad no está al orden del día, "no sea que se conviertan y se curen". Sin embargo, el clamor de las víctimas sigue desafiando nuestra respuesta:

Iglesia madre:
tienes poder para soltarme
o poder para crucificarme;
puedes lavarte las manos
no usando el poder que Dios te ha dado,
o puedes ensuciártelas
embarrándote en el cuidado
y sanación de los supervivientes,
que como "leprosos" te gritan y suplican:
si quieres, puedes curarme.

ORACIÓN

Si te ayuda, escribe tu propia oración.

IX ESTACIÓN

Jesús, víctima que carga el peso de la cruz y la abraza

V/. Te adoramos, oh, Cristo, y te bendecimos.
R/. Porque por tu santa cruz redimiste al mundo.

LECTURA BÍBLICA

Cuando lo llevaban, detuvieron a un tal Simón de Cirene, que volvía del campo, y lo cargaron con la cruz, para que la llevara detrás de Jesús.

Lc 23,2

MEDITACIÓN

En esta estación, contemplamos a Jesús exhausto, cargando la cruz. La piedad popular señala que es tanto el peso de la cruz y la dureza del camino que Jesús cayó al menos tres veces. También los supervivientes sienten que la cruz que llevan sobre sus espaldas (más bien, en sus almas) les aplasta y hace caer en muchas ocasiones. La cruz tiene mucho que ver con el sobrellevar las consecuencias del abuso: esa depresión que no me deja funcionar en la vida con normalidad, las propias heridas y frustraciones en el área de la sexualidad, las pesadillas que provocan miedo hasta de quedarse dormido, la soledad e incomprensión que nos rodea, etc.

A veces, la cruz tiene mucho de aguantarse a uno mismo, de lograr entenderse, de ser paciente con el propio proceso. Me impresiona la libertad y la serenidad con la que Daniel Pittet habla de las secuelas que han dejado en él los abusos[7]:

---

[7] D. PITTET, *Le perdono, padre. Sobrevivir a una infancia rota,* Mensajero, Madrid 2017, 98-101.

Yo sufro una gran fragilidad física. En cuanto experimento una situación muy comprometida en el plano emocional, caigo enfermo. […] Todos estos sufrimientos físicos tienen repercusiones en diversos niveles. He tenido problemas en mi profesión, porque a menudo estoy de baja por enfermedad. Rara vez me siento totalmente bien. […]

Yo no me siento bien construido, mis bases son poco sólidas. Muchas víctimas de violaciones luchan contra depresiones crónicas, contra deseos suicidas, y pasan temporadas habitualmente en el hospital psiquiátrico. Yo he vivido este infierno. […] Un niño abusado no tiene barreras, vive sin una red que lo proteja del exterior y del interior. Lo que significa que este niño es un adulto que puede ser anegado por olas emocionales muy poderosas.

Este es un momento para pedir la gracia de poder abrazar esa cruz: sí, has leído bien. Pedir fuerza para abrazarla. Daniel Pittet abraza su historia y llega a decir más adelante que, a pesar de todo, tiene muchos motivos para sentirse un afortunado, y trata de llevar la mejor vida posible. Cuando Jesús nos dice que hemos de cargar con la cruz, no lo hace porque nos quiere masoquistas, sino porque solo cuando se abraza, es decir, cuando se acepta que esa lucha es parte de la vida, y que hay cosas del pasado que ya no se pueden cambiar, solo entonces se da el milagro que convierte la cruz en un yugo suave y llevadero (cf. Mt 11,28-29).

Esta es la pedagogía de uno de los gestos en mi opinión más transgresores que puede haber: besar la cruz. Lo hacemos cada viernes santo. ¿Acaso estamos locos? ¿Cómo se puede besar un instrumento de tortura? No hace mucho visité un "museo de la tortura" en un precioso pueblo de Italia. Me quedé impactado por los extremos de crueldad a los que somos capaces de llegar como seres humanos. Cosas realmente inimaginables. Os aseguro que no besaría jamás ninguno de aquellos artilugios repugnantes.

Sin embargo, lo hacemos con la cruz. ¿Por qué? Porque hay una sabiduría muy grande ahí escondida, porque solo cuando se abraza, se besa, se acepta, le podemos quitar su poder destructor sobre nuestra vida. El cristianismo no consiste en "cargar con la cruz", sino en imitar a Cristo en su modo de cargarla, en su modo de afrontar el mal. Jesús nos redimió, no porque sufrió mucho, sino porque, en medio de sus tremendos tormentos, supo confiar en Dios y seguir amando: "Nadie me quita la vida, yo la doy voluntariamente" (Jn 10,17).

De esta manera transformó en don lo que podría haber sido trauma insoportable y un fracaso absoluto. Como afirma Simone Pacot: "Abrazando la cruz, Jesús nos enseña a vivir como hijos amados lo que no hemos deseado y nos ha sido impuesto, [...] nos enseña cómo llevar nuestra cruz en lugar de sufrirla". Abrazar la cruz no es abandonarse a la frustrante resignación. Es la posibilidad de transformar y resignificar el mal. Ya no se puede cambiar el pasado, pero sí puedo cambiar la mirada sobre mi pasado y la actitud con la que quiero enfrentarlo.

Por otro lado, sin la resurrección en el horizonte, la cruz aparece simplemente como un instrumento de tortura ¡de los más crueles! Si todo terminó en el calvario, llevar colgado en el pecho un crucifijo equivaldría a una buena dosis de morbo y masoquismo.

¡Pero no! El cristiano puede llevar con orgullo y amor una cruz, porque la entrañable misericordia de Dios convirtió el instrumento de tortura en instrumento de salvación para todos y en la prueba más grande de su amor, al sufrirla libre y voluntariamente[8].

"Señor, tú nos has prometido que, si cargamos con tu yugo y aprendemos de ti, encontraremos descanso para nuestras almas" (*cf.* Mt 11,29): ¿cuál es Señor, esa cruz que debo abrazar, y cómo hacerlo en este momento concreto de mi vida, para encontrar esa paz tan anhelada?

[8] "La prueba de que Dios nos ama es que, siendo pecadores, Cristo murió por nosotros" (Rom 5,8). Meditando este pasaje de la Escritura, Juan Pablo II afirmó, en el viacrucis del año 2003, en Roma, que "si Cristo, el Hombre-Dios, no hubiera muerto en la cruz, la verdad de que Dios es Amor estaría todavía por demostrar".

ORACIÓN

X ESTACIÓN

Jesús es ayudado por el Cireneo

V/. Te adoramos, oh, Cristo, y te bendecimos.
R/. Porque por tu santa cruz redimiste al mundo.

LECTURA BÍBLICA

Mientras lo conducían, echaron mano de un cierto Simón de Cirene, que volvía del campo, y le cargaron la cruz, para que la llevase detrás de Jesús.

Lc 23,26

MEDITACIÓN

Puedo imaginarme la mirada de inmensa gratitud de Jesús hacia Simón de Cirene. Sin él, no hubiera podido llegar hasta el final. Ciertamente, no hay nada más consolador que escuchar que Dios te da las gracias por cargar con su cruz, que no es otra que la cruz de nuestros hermanos.

Hace dos años, meditando esta estación, tuve un momento de consolación que me ha acompañado todo este tiempo, y que me hizo llorar de gratitud. Sentí que Jesús me decía: "Yo sé lo que te está suponiendo haber dejado entre paréntesis tu vida misionera para estar con tu madre. Gracias por cuidarme en ella, por haber aceptado esta misión con tanta generosidad".

Todos hemos tenido personas que nos han dado la espalda o abandonado en nuestras cruces. Pero también es verdad que, si miramos con atención, no han faltado en nuestra vida cireneos, personas que nos han ayudado a llevar la cruz cuando ya no podíamos más y nos sentíamos aplastados. Te dejo este conmovedor texto de un buen amigo, también superviviente, en el que hace un precioso elogio de su particular "Cireneo", llamado Shangay:

Descubrí hace unos años un alma incombustible
que me dio su mano en las noches más oscuras,
cuando los recuerdos me ahogaban
y la vida se me deslizaba entre los dedos como arena.
Solo con decirle que mi vida fue quebrada a los diez años
a manos de un sacerdote,
que mis ojos no conocían el descanso, ni la sonrisa,
se entregó por entero a mí.
Me dedicó sus horas durante los largos años
que duró el viaje
desde nuestro primer saludo hasta mi denuncia,
y no me abandonó tampoco después
cuando se abrió un nuevo camino
lleno de incertidumbres y nuevos obstáculos.
Fue un camino en el que nunca me faltó su mano.
Siempre había palabras de ánimo.
Hasta en esas noches que llegaba
con el cuerpo quemado por la quimio,
sacaba risas y fuerzas para tirar de mí
y ayudarme poco a poco a salir del pozo. [...]
Él batalló en todos los frentes
a los que su afán de justicia le empujó.
Innumerables barricadas han contado en primera fila
con su turbante espantando dragones
y su voz alejando al miedo.
Yo le debo estar vivo.
Con todas las letras.
Cuando la soledad me ahogaba,
y las pesadillas de los recuerdos aflorando en las noches
hicieron imposible el sueño.
Cuando las espaldas de los tuyos eran horizonte
y no había manos tendidas.

Cuando el pan no llegaba a la mesa,
pues las fuerzas no llegaban para ir a buscarlo.
Cuando la iglesia me ofrecía treinta monedas
y no podía imaginarme en un futuro
mirando de frente a mi hijo…

Allí estuvo él.

Sin prisas. Con amor. Esperando mi momento.
Ayudándome.
Me escuchó con la paciencia de un padre.
Me mimó y secó las lágrimas
como solo puede hacerlo una madre.
Fue el hermano compasivo y cariñoso que te abraza
cuando le despiertas en mitad de la noche
ahogado en lágrimas.
Tuvo una paciencia infinita.
Siempre estuvo a cada tropiezo. En cada lágrima.
No se lo impidió el propio dolor.
Luché en sus luchas de corazón,
pues son las de todas y todos.
Y me sentí cada día más orgulloso
de que se hubiera tropezado conmigo en su camino.
Me dio la voz para hablar y la fuerza para seguir
disfrutando cada día de mi hijo
y seguir viéndolo crecer.
Me regaló una vida nueva.
Un sinfín de amaneceres y sonrisas.
Y le debo un millón de abrazos.
Gracias a él, hablé y escuché a otros supervivientes
que también rompieron su silencio.
Cada sonrisa de mi hijo, cada risa con mis amigos
y cada lágrima de alegría

se las debo a su voz y su cariño.
Y le debo una vida llena de lucha por delante.
Hay mil barricadas en las que combatir.
Molinos que derribar, no son gigantes.
Porque "hay hombres que luchan un día y son buenos,
hay hombres que luchan muchos días y son muy buenos.
Y hay, como tú, que luchan toda la vida.
¡Esos son los imprescindibles!".

ORACIÓN

Trata de traer a la mente y al corazón a tus propios "Shangays". Agradece sus vidas, pide por ellos y pregúntate cómo tú podrías ser un Cireneo para los demás.

XI ESTACIÓN

Jesús, víctima, se encuentra
con las mujeres de Jerusalén

V/. Te adoramos, oh, Cristo, y te bendecimos.
R/. Porque por tu santa cruz redimiste al mundo.

LECTURA BÍBLICA

Pero Jesús, volviéndose a ellas, dijo:
"Hijas de Jerusalén, no lloréis por mí; llorad
más bien por vosotras mismas y por vuestros hijos".

Lc 23,28

MEDITACIÓN

En su camino hacia el Calvario, Jesús saca fuerzas para dirigirse a estas mujeres, que se lamentan y gimen públicamente ante la trágica suerte de la víctima. Podemos ver aquí a Jesús una vez más solidarizado con tantos que son víctimas de una falsa compasión o, como dice Gema Varona, de una "compasión sin compromiso".

Cuántas manifestaciones compungidas ante las cámaras de los líderes de la Iglesia, con sentidas ceremonias en catedrales, comunicados y notas de prensa (que, por cierto, suelen dejar mucho que desear) que piden perdón, dicen sentir profundo dolor y vergüenza, pero que, a la hora de la verdad, se quedan solo en eso.

No es que eso no sea necesario, pero, como dijo el Papa, pedir perdón no basta: "Es necesario, pero no basta [...]; su dolor, sus daños psicológicos, pueden comenzar a sanar si encuentran respuestas; acciones concretas para reparar los horrores que han sufrido y prevenir que no se repitan" (*Vídeo de oración por las víctimas*, marzo de 2023). Por eso, en las palabras de Jesús hacia estas mujeres hay algo de consuelo y no poco de reprensión. Al respecto comenta Martín Descalzo:

> Esas mujeres están equivocando el camino. ¿Es que no han podido hacer nada por él? ¿Dónde estaban a la hora de los gritos en el pretorio? Nada se gana con llorar tardíamente.

> Desgraciadamente, a lo largo de los siglos, estas mujeres tendrán centenares de imitadores y seguidoras. La Iglesia siempre ha estado llena de lloronas por lo mal que va el mundo. Pero las lágrimas (como comenta brutalmente Graham Greene) solo sirven para regar berzas.

Esta falta de cuidado y reparación la han experimentado también sacerdotes que han sido víctimas de otros sacerdotes, y que no han sido cuidados y protegidos cuando se han atrevido a denunciar. Lo he visto en Chile y en España. Y si con el leño verde (es decir, con aquellos que han entregado su vida a la Iglesia, para servir al pueblo de Dios) se hace esto, ¿qué no se hará con "el leño seco"? ¿Qué podrán entonces esperar las otras víctimas?

Permitidme fijarme en otro detalle significativo: a Jesús le ofrecieron a beber un brebaje para anestesiar su dolor. Impacta, sin embargo, cómo él lo rechazó (*cf.* Mc 15,23). Y es que los supervivientes no quieren simples medidas paliativas, que suelen servir más para calmar nuestra conciencia que para realmente aliviar su trauma. Por eso, sin mecanismos y acciones concretas de reparación, nuestras lágrimas servirán no solo para regar berzas, sino para infectar aún más las heridas de las víctimas.

ORACIÓN

Si te ayuda, escribe tu propia oración.

XII ESTACIÓN

Jesús es desnudado
por tercera vez

V/. Te adoramos, oh, Cristo, y te bendecimos.
R/. Porque por tu santa cruz redimiste al mundo.

LECTURA BÍBLICA

Los soldados, después de que crucificaron a Jesús,
tomaron sus vestidos, con los que hicieron cuatro
lotes, un lote para cada soldado, y la túnica.
La túnica era sin costura, tejida de una pieza
de arriba abajo. Por eso se dijeron: "No la rompamos;
sino echemos a suertes a ver a quién le toca".
Para que se cumpliera la Escritura: "Se han repartido
mis vestidos, han echado a suertes mi túnica".
Y esto es lo que hicieron los soldados.

Jn 19,23-24

MEDITACIÓN

Llegamos a este momento en el que vemos a Jesús desnudado por tercera vez. La costumbre romana era exponer
a la víctima totalmente desnuda para provocar así la mayor
humillación y vergüenza posible. Nosotros estamos acostum-
brados a ver un Cristo que lleva taparrabos, pero seguramente no fue así. De esta forma, el cuerpo de Jesús desnudo
y ultrajado ya no es expuesto solamente entre los muros
del pretorio o del palacio de Herodes; ahora está expuesto
públicamente sin ninguna restricción, a todo el pueblo.

Es lo que viven muchas víctimas, especialmente cuando
enfrentan el proceso de denuncia. Esta revictimización y
todos los sufrimientos que provoca la denuncia las refleja
muy bien Daniel Pittet, quien a los nueve años comenzó a

ser violado por el religioso capuchino Joël Allaz. Estos abusos duraron más de cuatro años. En la actualidad, casado y padre de seis hijos, ha escrito un conmovedor libro, prologado por el papa Francisco. Allí escribe[9]:

> Denunciar es un desafío terrible, porque cuando quizá ya has logrado una vida que te conviene, has encontrado un cierto equilibrio: ¿acaso tienes la fuerza suficiente como para volver a sumergirte en el horror de tus recuerdos? ¿Estás preparado para afrontar la mirada de los demás?

> Denunciar es caer por segunda vez, porque tienes que asumir la visibilidad del maltrato y el juicio de los demás sobre tu propia vida. Es casi insoportable. El problema es que cuando sale a la luz, el abuso se convierte en la identidad de la víctima.

Sí, atreverse a denunciar es un desafío terrible, porque ahora tu vida se expone a la mirada de los demás, que no siempre es acogedora, comprensiva, empática; al contrario, suele juzgar, desacreditar, maltratar: "Estará buscando dinero; quiere su minuto de fama; no sabe qué hacer para llamar la atención; lo hace para dañar a la Iglesia; etc.".

Además, la denuncia puede generar mucho dolor en otras personas cercanas al victimario, a las que les cuesta perdonar que después de tantos años venga una denuncia. También la víctima debe enfrentarse a esa mirada de reproche y en ocasiones de odio. ¡Sí! No es nada sencillo denunciar. También los procesos en la justicia estatal son tremendamente revictimizadores.

---

[9] D. Pittet, *Le perdono, padre. Sobrevivir a una infancia rota*, Mensajero, Madrid 2017, 94. Para entender la dificultad que supone la denuncia, recomiendo leer todo el séptimo capítulo de este extraordinario testimonio (páginas 80-97).

En ocasiones, las víctimas deben someterse a innumerables interrogatorios y contar su testimonio una y mil veces. Además, son procesos muy lentos, inciertos, caros, extenuantes. Luego, no en todos los lugares la justicia ofrece garantías de credibilidad y seguridad. Por ejemplo, en ciertos países de Latinoamérica, denunciar puede significar recibir amenazas de muerte, que te manden un sicario a las puertas de tu casa, etc. (como, de hecho, le pasó a un joven abogado amigo mío, que ahora es seminarista).

Es verdad que hay denuncias falsas. Generan víctimas y mucho dolor. Conozco algún caso de sacerdotes o padres de familia, acusados injustamente, que no soportando el juicio mediático se han terminado suicidando. ¡Es tan fácil destrozar la vida de alguien con una calumnia de este calado! Y, sin embargo, el porcentaje de denuncias falsas es bajísimo. No me cansaré de decir que alguien que denuncia tiene mucho que perder y, la mayor parte de las veces, lamentablemente, muy poco que ganar.

El siguiente testimonio expresa de forma elocuente lo que significa ser desnudado por tercera vez, una vez que la denuncia se filtra a los medios. Así escribió esta víctima al periodista y al diario, que público, sin su consentimiento, la noticia de su denuncia, poniendo su foto, su nombre y apellido a todo color en portada:

> Muestro mi perplejidad hasta el asombro y hasta el enfado, por cómo se ha tratado el tema, informando de cosas que yo no he dicho y que están puestas en mi boca. ¿Quién ha dado permiso para poner mi foto en segunda página y mi nombre en letras grandes en portada, creando un volcán en mi familia, en mis paisanos, en mis feligreses, en mis amigos?
>
> Sí, me he sentido atropellado. Si hubiera habido un diálogo, una consulta, una propuesta, un estudio de comunicación

previo, pues a lo mejor entonces estaba legitimado mi nombre y mi foto, pero yo no he dado permiso para eso: es un ataque a mi intimidad, que me expone a sufrir ataques y, la verdad, ¡creo que yo ya tengo demasiado!

Podríamos preguntarnos sobre quién filtró la noticia: el periodista que la redactó, el redactor jefe del periódico, los demás medios que, como buitres que han encontrado carnada, la replican sin escrúpulos. ¡Ah!, sin olvidarnos de aquellos a quienes les encanta consumir morbo y amarillismo, en un ejercicio de verdadera coprofilia. ¡Todos! ¡Todos son como aquellos soldados que se reparten los vestidos, que hacen del dolor de la víctima un juego, un pasatiempo, echando los dados a ver quién se queda con la túnica!

Todavía pongo otro ejemplo: un sacerdote condenado a siete años de cárcel por abusos sexuales continuados a un niño de trece años mientras estaba en el seminario menor utilizó como defensa en el juicio civil unas hojas arrancadas del diario de oración que la víctima escribía a instancias de este sacerdote. Aquellas oraciones las había guardado el cura durante ¡veinte años!, y ahora las mostraba para tratar de decir que aquel niño falseaba la realidad y que poco menos era un trastornado mental. He podido constatar muy de cerca lo extremadamente dañino que era aquello. Era desnudar, no ya su cuerpo, sino la intimidad de su alma, de algo tan sagrado como su relación con Dios, exponiendo y tergiversando el contenido de aquel diario de oración al público sin ningún pudor. Podréis imaginar la repercusión de algo así a la fe de cualquiera.

En resumen, una vez más contemplamos a Jesús solidario hasta el extremo con nuestro dolor, en esa desnudez e indefensión que experimentan las víctimas y supervivientes cuando dan el paso de romper su silencio y hacer su denuncia.

ORACIÓN

Si te ayuda, escribe tu propia oración.

Si te ayuda para tu oración, te presento
este vídeo de la Fundación Márgenes y
Vínculos, que refleja de forma muy cruda y
real el viacrucis que tienen que afrontar los
menores durante los procesos de denuncia:

www.e-sm.net/222892_02

XIII ESTACIÓN

Jesús es crucificado desnudo

V/. Te adoramos, oh, Cristo, y te bendecimos.
R/. Porque por tu santa cruz redimiste al mundo.

LECTURA BÍBLICA

Y como Moisés levantó la serpiente en el desierto,
así tiene que ser levantado el Hijo del hombre,
para que todo el que crea en él tenga vida eterna.
Porque tanto amó Dios al mundo que dio a su Hijo
único, para que todo el que crea en él no perezca,
sino que tenga vida eterna. Porque Dios no ha
enviado a su Hijo al mundo para juzgar al mundo,
sino para que el mundo se salve por él.

Jn 3,15-17

MEDITACIÓN

Es muy probable que Jesús fuera crucificado completamente desnudo, con sus genitales expuestos a la mirada
impúdica de los transeúntes. Existen representaciones pri-
mitivas del crucificado que así lo muestran. Sin embargo,
pronto se comenzó a representar con un taparrabos, tal
vez por lo duro, indigerible y excesivamente perturba-
dora que resultaba aquella completa desnudez del Hijo
de Dios.

Previendo su muerte en cruz, Jesús afirmó que él sería levantado en lo alto, como Moisés levantó la serpiente en
el desierto (*cf.* Jn 3,15). Estaba haciendo referencia a ese
pasaje del Antiguo Testamento en el que el pueblo, que
había sido mordido por serpientes venenosas, era invitado
a levantar la mirada y fijarla en la serpiente de bronce que

había hecho Moisés. Todos los que habían sido mordidos y la miraban se curaban (*cf.* Nm 21,4-9).

El desafío de esta estación es levantar los ojos del propio dolor, ponerlos en Jesús y experimentar que mirarlo tiene poder de curarnos. También para los responsables de las Iglesias hay un desafío en mirar la cruz, en levantar los ojos de nuestra auto-rreferencialidad y ponerlos en las víctimas. Mirar cara a cara su dolor es la única manera de sanar nuestras indiferencias, mundanidades y soberbias. El problema es que a veces hemos dulcificado la cruz. Al respecto, dice Martín Descalzo que:

No se puede hablar de la cruz sino temblando. No podemos acercarnos a ella sin descalzar el alma. Es tierra de fuego. Es una provocación que nos aleja de todas las utopías de este mundo y separa la fe auténtica de toda superstición. No facilita recetas de triunfo. Nos lleva a una liberación que no se hace sin antes despojarse de todas las falsas libertades. No invita a sentir, sino a cambiar. Es tierra peligrosa. Es la gran revolución, la gran contradicción.

Despojada de esta contradicción, la cruz se convierte en un ídolo que invita a la autocomplacencia y no a la conversión como debe hacer toda cruz auténtica. Asumirla supone oponerse a todos los fetiches, a todos los tabúes de nuestra sociedad. Supone apostar y solidarizarse con todas las víctimas de nuestro tiempo como aquel Crucificado que se hizo su hermano y su libertador.

Por lo mismo, en esta estación quiero presentarte un ejercicio muy sencillo, pero a la vez desafiante. Busca un lugar tranquilo, si es posible en oscuridad, enciende una velita y trata de quedarte fijamente mirando a un crucifijo, por al menos diez minutos. Mientras lo miras, trata de hacer silencio y escuchar qué ecos se suscitan en tu corazón. En alguna ocasión, he compartido cómo de un momento así nació la canción *Creo*, *pero aumenta mi fe.* Este testimonio inédito de Estrella, la protagonista del libro *Ya no te llamarán abandonada*, nos muestra lo fundamental que ha sido para ella la oración ante la cruz[10]:

> Una de las verdades de fe que me ayudó mucho fue esa de que "somos morada del Amor" y templos del Espíritu Santo. Sentía que habían pasado por mi vida y habían destruido mi templo [...] y no habían dejado nada en pie. Sentía que eso era injusto. [...]
>
> Sin embargo, me di cuenta de que lo más sagrado de mí, ahí donde Dios habita, mi yo más profundo, quedó intacto. [...] Oré mucho con la imagen de Jesús en la cruz. Recordando el pasaje que dice que "eran nuestras dolencias las que él llevaba", me di cuenta de que él se puso por delante para recibir en sí mismo mis heridas y prevenir lo más doloroso. Y lo más doloroso hubiera sido que se rompiera eso más profundo de mí, ese reducto de libertad donde Dios habita. Y eso no se rompió. ¡Él me defendió!

A algunas personas les cuesta mirar a Jesús en la cruz, porque les despierta sentimientos de culpabilidad. Tal vez nos puede ayudar escuchar estas palabras que Pedro Crisólogo entendió que Jesús nos dirige desde la cruz:

> No temáis. Esta cruz no es mi aguijón, sino el aguijón de la muerte. Estos clavos no me infligen dolor, lo que hacen es acrecentar en mí el amor por vosotros. Estas llagas no provocan mis gemidos, lo que hacen es introduciros más en mis entrañas. Mi cuerpo, al ser extendido en la cruz, os acoge con un seno más dilatado, pero no aumenta mi sufrimiento. Mi sangre no es para mí una pérdida, sino el pago de vuestro precio.

Jesús en la cruz tiene sus brazos abiertos de par en par, deseando abrazarnos. Siempre me impactó el testimonio

---

[10] Este testimonio no está recogido en el libro *Ya no te llamarán abandonada.*

de Consuelo Córdoba, la mujer con la cara desfigurada a la que abrazó el papa Francisco. Ya tenía la fecha para ponerse una inyección letal, pues no soportaba vivir así. Y, sin embargo, aquel abrazo del Papa, aquellas palabras que le dirigió ("tú eres una mujer valiente y linda") la hicieron desistir del suicidio asistido. ¡Cuánto necesitamos que Jesús nos diga desde la cruz: "Eres valioso, valiosa para mí: vales mucho, ¡vales el precio de mi sangre! (1 Pe 1,18-19)".

Para terminar, te propongo esta poesía de la gran Gabriela Mistral, que expresa lo que puede suceder en la oración de alguien que levanta sus ojos a Jesús crucificado. Puedes escuchar la versión musicalizada por Cristóbal Fones:

En esta tarde, Cristo del Calvario,
vine a rogarte por mi carne enferma;
pero al verte, mis ojos van y vienen
de tu cuerpo a mi cuerpo con vergüenza.

¿Cómo quejarme de mis pies cansados
cuando veo los tuyos destrozados?
¿Cómo mostrarte mis manos vacías,
cuando las tuyas están llenas de heridas?

¿Cómo explicarte a ti mi soledad,
cuando en la cruz alzado y solo estás?
¿Cómo explicarte que no tengo amor,
cuando tienes rasgado el corazón?

Ahora ya no me acuerdo de nada,
huyeron de mí todas las dolencias.
El ímpetu del ruego que traía
se me ahoga en la boca pedigüeña.

Y solo pido, no pedirte nada,
estar aquí, junto a tu imagen muerta,
ir aprendiendo que el dolor es solo
la llave santa de tu santa puerta.

www.e-sm.net/222892_03

ORACIÓN

Si te ayuda, escribe tu propia oración.

XIV ESTACIÓN

Jesús es traspasado por la lanza del soldado

V/. Te adoramos, oh, Cristo, y te bendecimos.
R/. Porque por tu santa cruz redimiste al mundo.

LECTURA BÍBLICA

Al llegar a Jesús, como lo vieron ya muerto,
no le quebraron las piernas, sino que uno de
los soldados le atravesó el costado con una lanza
y al instante salió sangre y agua. El que lo vio
lo atestigua y su testimonio es válido, y él sabe
que dice la verdad, para que también vosotros creáis.

Y todo esto sucedió para que se cumpliera
la Escritura: "No se le quebrará hueso alguno".
Y también otra Escritura dice: "Mirarán al que
traspasaron".

Jn 19,33-37

MEDITACIÓN

Cuando el soldado romano atraviesa el costado de Jesús
para asegurarse de que estaba muerto, san Juan nos manifiesta que "al momento manó sangre y agua". Se sabe
que la aurícula derecha del corazón humano encierra, aún
después de la muerte, sangre líquida. Y la envoltura exterior contiene un líquido acuoso llamado "hidropericardio".

Esta sangre y esta agua que brotó de su corazón ha sido
vista por la Iglesia como los símbolos de dos sacramentos:
la eucaristía, significada en su sangre, y el agua del bautismo.
Por tanto, podríamos decir que, mientras se celebre alguno de estos dos sacramentos, el corazón de Cristo sigue
sangrando. Es una herida que no se cierra. De su corazón

brota la gracia, como un manantial inagotable de misericordia y de vida. Aquí se fundamenta toda la espiritualidad de la preciosa devoción al sagrado corazón de Jesús.

A veces, en nuestro camino, sentimos también que nuestras heridas no se cierran, a pesar del paso del tiempo. Nos avergüenza que, después de tantas batallas, todavía tengamos algunos sentimientos y reacciones a flor de piel. Tal vez haya heridas que no se cierran del todo jamás. Otras, aun cerrándose, pueden volver a abrirse y sangrar, según determinadas circunstancias que puedan darse a lo largo de nuestra vida.

Personalmente, este misterio de la vida de Jesús me ha ayudado mucho a reconciliarme con esas heridas aún abiertas, y me ha dado la esperanza de que, si no se cierran, al menos, se pueden convertir en fuente de gracia para los demás. Así como decimos que "sus heridas nos han sanado" (cf. 1 Pe 2,24), también muchas veces nuestras heridas tienen el poder de sanar a otros.

No somos personas que lo tienen todo conseguido, sino "sanadores heridos". No dejo de asombrarme de todo el bien que Dios es capaz de hacer, precisamente desde mis heridas.

Desde mi experiencia y la de acompañar las heridas de otros, compuse esta canción, una de mis favoritas actualmente. Te la propongo por si te ayuda en tu oración:

Tantas veces ha caído a tus pies,
a suplicarte, ¡por favor, sáname! (Mc 1,42)
Extiende tu mano, por tu gran compasión,
no temas tocar mi lepra con tu amor.
Yo sé que todo lo puedes, (Job 42,6)
si tú quieres puedes curarme
pero esta vez, mi oración es diferente,
ya no pido que me quites
esta espina que me humilla (2 Cor 12,8),

ya no pido que me cures,
sino que me dejes amarte: ¡solo déjame amarte!

Y qué importa si la cicatriz se vuelve a abrir.
Y esta lucha aquí en la tierra no tiene fin,
pues he descubierto que no deja de sangrar,
tu costado abierto de par en par, (Jn 19,31-37)
y por eso las heridas
pueden ser un manantial (1 Pe 2,25)
y por eso las heridas,
pueden ser un manantial (Is 53,5)

www.e-sm.net/222892_04

ORACIÓN

Te sugiero estas preguntas para tu diálogo con Jesús, con su corazón abierto de par en par en la cruz y en la euca-ristía: ¿cómo reacciono cuando la cicatriz se vuelve a abrir? ¿He tenido alguna experiencia donde he constatado que de mi herida brotaba vida para los demás? Desde esta experiencia, ¿cómo siento que Jesús mira mis heridas?

XV ESTACIÓN

La resurrección de Jesús, resurrección de las víctimas

V/. Te adoramos, oh, Cristo, y te bendecimos.
R/. Porque por tu santa cruz redimiste al mundo.

LECTURA BÍBLICA

Al atardecer de aquel día, el primero de la semana,
estando cerradas, por miedo a los judíos, las puertas
del lugar donde se encontraban los discípulos,
se presentó Jesús en medio de ellos y les dijo: "La paz
con vosotros". Dicho esto, les mostró las manos
y el costado. Los discípulos se alegraron de ver
al Señor. Jesús les dijo otra vez: "La paz con vosotros.
Como el Padre me envió, también yo os envío". […]
Ocho días después, estaban otra vez sus discípulos
dentro y Tomás con ellos. Se presentó Jesús en medio
estando las puertas cerradas, y dijo: "La paz con
vosotros". Luego dice a Tomás: "Acerca aquí
tu dedo y mira mis manos; trae tu mano y métela
en mi costado, y no seas incrédulo sino creyente".
Tomás le contestó: "Señor mío y Dios mío".

Jn 20,19-28

MEDITACIÓN

Hay vida después de los abusos

Fue Juan Pablo II quien aconsejó que, cuando se rezara el
viacrucis, se añadiera una estación más que proclamara la
resurrección de Jesús. No podemos terminar el viacrucis
quedándonos con la tristeza y el dolor del sepulcro. Sin la
resurrección, Jesús hubiera sido un buen hombre, que nos

enseñó valores y luchó por la justicia, pero nada más. Sin este horizonte de vida plena, la cruz sería simplemente instrumento de tortura ¡de los más crueles! y, por tanto, como ya he dicho, llevar colgado en el pecho un crucifijo equivaldría a una buena dosis de morbo y masoquismo.

La fe en la resurrección de Jesús nos regala la certeza de que la muerte, también la interior, puede ser vencida, y que la frialdad y oscuridad del sepulcro pueden por fin ser dejadas atrás. Esto que estoy diciendo no es superfluo, pues la tentación más fuerte que a veces experimentan las víctimas es la de creer que no hay sanación posible, y que uno está destinado a permanecer, como Lázaro, en la podredumbre del sepulcro. Esta postura conlleva la creencia de que uno está tan dañado por el mal sufrido que jamás se podrá mejorar. Escuchemos como lo afirma, en repetidas ocasiones, la protagonista del libro *Víctimas de la Iglesia*[11]:

> La mayor de las tentaciones es creer que el mal causado y su interiorización son tan irreversibles que no hay redención posible. [...] El pasado es una tentación demasiado fuerte y poderosa, capaz de convencerte de que no alcanzarás la meta, de que no encontrarás lo que anhelas y de que no hay lugar para ti fuera del infierno vivido. Con toda seguridad, la peor de las tentaciones es la desesperanza.
>
> Y, sin embargo, hay que sobreponerse a los cantos de sirena. El contacto con el mal me hizo creer que Dios no está en el abismo, ni en el barro, ni en el pecado, que no merece la pena continuar, resistir o avanzar, porque, en último término, ni él evitó ese horror ni yo alcanzaré jamás la paz.

---

[11] J. L. SEGOVIA, ANÓNIMO y J. BARBERO, *Víctimas de la Iglesia. Relato de un camino de sanación*, PPC, Madrid 2016, 101.

Este ha sido mi aguijón; una voz y una presencia que me han acechado para convencerme de que no hay vida después de los abusos, de que la lucha es inútil, porque jamás llegará la sanación, de que a los ojos de Dios y del mundo siempre seré una mujer abusada, indigna de un abrazo. Todavía hoy creo escuchar los maléficos argumentos de quien llegó a corromper la mirada sobre mi cuerpo, mi corazón.

Hay una imagen que me ayuda para entender el poder de su resurrección: tal vez sea un poco irreverente, pero pienso que sirve. Veo el corazón de Cristo en la cruz como una máquina infinita de diálisis. Al abrazar nuestras vidas y unirnos a él, recibe nuestra sangre contaminada y enferma y nos devuelve sangre fresca, renovada, pura, por su amor que es más fuerte que la muerte. Al hacer suyo el mal, incorporándolo a sí mismo, no solo lo derrota, sino que lo transforma, por su resurrección, en ocasión positiva, de gracia, de amor, de perdón y de salvación.

En su amor extremo, Cristo se identificó con nuestro sufrimiento y desamparo, y asumió sobre sí todas nuestras heridas y dolores para sanarlos y aliviarlos. También asumió nuestras culpas, transformando con su resurrección el veneno de muerte en misericordia y vida abundante. El Dios que en Jesús se hizo hombre, solidarizado con el dolor y la angustia de cada ser humano, es el único que puede gritarnos: "¡En el mundo tendrán tribulaciones, pero ¡ánimo, que yo he vencido al mundo!" (Jn 16,33). El poder de su resurrección nos hace creer que no estamos irreparablemente dañados, y que el Amor tiene la fuerza para hacer nuevas todas las cosas. El papa Francisco lo ha manifestado maravillosamente (*Evangelii gaudium* 276):

Su resurrección no es algo del pasado; entraña una fuerza de vida que ha penetrado el mundo. Donde parece que todo ha muerto, por todas partes vuelven a aparecer los brotes de la resurrección. Es una fuerza imparable. [...] En un campo arrasado, vuelve a aparecer la vida, tozuda e invencible.

Habrá muchas cosas negras, pero el bien siempre tiende a volver a brotar y a difundirse [...], de hecho, el ser humano ha renacido muchas veces de lo que parecía irreversible.

Sí, "hay vida después de los abusos". El testimonio de muchos supervivientes así lo manifiesta. Esto, sin embargo, no significa que las heridas desparezcan mágicamente, como si uno pudiera borrar absolutamente las huellas del mal sufrido. ¡No! Ya hemos visto que Jesús sigue portando las heridas después de su resurrección, y que estas pueden convertirse en un manantial de vida.

Impresiona la lectura del evangelio de Juan que hemos leído al iniciar esta estación. Jesús se aparece resucitado a sus discípulos siempre con el mismo anuncio: "La paz con vosotros". También nosotros tenemos nuestros miedos y puertas cerradas. Jesús sabe todo aquello que nos roba la paz, la calma, la confianza.

Deseo que ojalá quienes son víctimas y supervivientes puedan experimentar en sus vidas "el poder de su resurrección", como lo experimentó esta víctima-superviviente, que quiso escribirme esto justo el día que celebrábamos la vigilia pascual:

Sí, creo en el poder de la resurrección. Un poder que actúa en el silencio más profundo, en la noche del fracaso y de la cruz, en una historia de dolor, angustia y sufrimiento, provocando que amanezca en el corazón un deseo de dejarme salvar sin escandalizarme de la cruz, dejarme envolver e iluminar por una luz nueva, la luz de su mirada, de su presencia viva que penetra hasta el fondo del alma ahuyentando cualquier tiniebla.

Creo en el poder de la resurrección que actúa perdonando los pecados, las negaciones, las huidas, las cobardías, y hace que me deje perdonar cualquier falta y las veces que haga falta.

Creo en el poder de la resurrección que me hace capaz de dejarme tocar las heridas más profundas del alma, dejarme sanar por Dios con la fuerza de su misericordia que brota de sus llagas gloriosas.

Creo en el poder de la resurrección, capaz de mover piedras enormes de culpabilidad y vergüenza, las losas más pesadas de tristeza y angustia, capaz de abrir prisiones de desconfianza y hacer saltar cadenas del miedo.

Creo en el poder de la resurrección que me libera de una agotadora persecución, de una perfección inalcanzable, vacía y estéril, regalándome el deseo de dejarme hacer, dejarme guiar, dejarme conducir, dejarme acompañar, dejarme encontrar.

Creo en el poder de la resurrección que hace que me deje abrazar con un abrazo que habla solo de amor y que me lleva a abrir los brazos a mis hermanos, a los pobres que cuido, para ser bálsamo en sus propias heridas con la entrega de mi vida.

¿Qué crees que sería para ti experimentar el poder de la resurrección? (cf. Flp 3,10).

ORACIÓN

Si te ayuda, también puedes orar con esta canción de la hermana Glenda: *Yo creo en tu resurrección* (me la sugirió la misma persona que escribió el texto anterior):

www.e-sm.net/222892_05

SIETE PALABRAS

SIETE PALABRAS DESDE LAS VÍCTIMAS DE ABUSOS

Ofrezco a continuación una meditación que también es un clásico de la piedad popular. Se la conoce como las siete palabras (más bien frases) que Jesús dijo estando en la cruz. También aquí trato de hacer el ejercicio de meditarlas desde un Jesús víctima que se hace uno con las víctimas. Sus palabras, como un verdadero testamento, son un gran tesoro de vida, de sanación y sabiduría.

Las investigaciones bíblicas consideran estas frases y oraciones de Jesús en su agonía como citas textuales y verdaderas palabras suyas. Brotan de un sufrimiento atroz, de quien está sumergido en dolores físicos, psíquicos y espirituales inimaginables. Las siete palabras del crucificado atraviesan los siglos derramando consuelo y esperanza. Son una verdadera escuela de amor.

Contemplando a Jesús en su cruz, con silencios prolongados, podemos aprender qué significa "amar hasta el extremo como él nos ha amado". Por otro lado, nos enseña cómo orar, que podemos clamar a Dios desde cualquier circunstancia y tener la confianza de gritarle y descargar sobre él tantas preguntas sin respuesta. Nos enseña que, en medio del abandono que experimentamos, podemos aún seguir confiando nuestras vidas a Dios y ponernos en sus manos, con una confianza infinita. Nos muestra también la satisfacción de la misión cumplida hasta el final y nos encomienda la misión de saciar su sed de amor y de justicia, especialmente en sus hermanos más pequeños.

Seguramente deje muchos aspectos en el tintero. Estoy seguro de que, en tu oración, al pie de la cruz, desde esta perspectiva y centralidad de las víctimas, encontrarás nuevos matices del tesoro de sus palabras que, sin duda, serán luz en tu camino.

Verás que no he querido terminar sin añadir, nuevamente, una meditación sobre la resurrección. No podemos acercarnos al dolor de Jesús y de nuestros hermanos sin estar anclados en esta esperanza que no falla (cf. Rom 5,5). Nos quemaremos, tiraremos la toalla, devorados por tanta muerte y oscuridad. Solo con este horizonte de justicia plena, que es la resurrección, podemos mirar de frente el dolor de tantas víctimas y comprometernos con ellas.

Sin más dilaciones, te invito a ponerte a los pies de la cruz, como su madre, María de Cleofás, María Magdalena y el discípulo amado. Deja que sus palabras resuenen una y otra vez en tu corazón, en tu conciencia. Trata de escuchar lo que ellas te dicen en las circunstancias actuales de tu vida, saboréalas y guárdalas en tu corazón. Expresa a Jesús, sin miedo, lo que te brota decirle. Mírale, déjate mirar. Aunque no sea fácil estar a los pies de la cruz, estoy seguro de que las siete palabras pueden convertirse en todo un programa de vida espiritual. Deseo que, a través de ellas, las víctimas y supervivientes encuentren consuelo y fortaleza para su camino. Espero, a su vez, que nos ayuden a todos a ser mejores apóstoles de la prevención, comprometidos más y más con las víctimas y con la cultura del cuidado y del buen trato.

Padre, perdónales porque no saben lo que hacen

LECTURA BÍBLICA

Y Jesús decía: "Padre, perdónales,
porque no saben lo que hacen".

Lc 23,34

MEDITACIÓN

Estas palabras de Jesús son, tal vez, de las más difíciles de digerir. Más de una vez he escuchado a supervivientes decir: "No puedo perdonar todo el daño que me han hecho; mi abusador, y después quienes lo protegían, sabían muy bien lo que hacían". La pregunta que se debe explorar aquí es: ¿a qué te refieres con perdonar? A lo mejor te llevas una sorpresa…

Según cómo se hable y se entienda el perdón, abrimos puertas de esperanza o nos hundimos más en la miseria. Ya traté sobre este tema en mi primer libro *Ya no te llamarán abandonada*[12]. Allí decía que perdonar no puede ser sinónimo de olvidar y que el perdón, "más que un acto que olvida el pasado, es un acto que inventa el futuro". En este sentido, se puede realmente perdonar, aunque persistan ciertos recuerdos y emociones dolorosas. Se revictimiza cuando al superviviente se le insinúan frases del tipo "pasa ya página", "borrón y cuenta nueva", "no le des más vueltas y enfócate en tu presente", etc. Tampoco perdonar significa,

---

[12] L. A. ZAMORANO, *Ya no te llamarán abandonada. Acompañamiento psicoespiritual a supervivientes de abuso sexual*, PPC, Madrid 2019, 202-208.

ni mucho menos, renunciar a las exigencias de la justicia y de la necesaria reparación. Y por supuesto, el perdón no puede ser sinónimo de "reconciliación" o de restauración de la confianza, aunque puedan haber excepciones.

Lamentablemente, el tema del perdón es uno de los más manipulados y menos entendidos dentro de la Iglesia. Un ejemplo de esto lo tenemos en la película *Grâce à Dieu* (*Gracias a Dios*; otros traducen como *Por la gracia de Dios*) dirigida por François Ozon, y que ganó el prestigioso Oso de Plata en el Festival Internacional de Cine de Berlín (2019).

Hay una escena que puede ayudarnos mucho en esta reflexión. Alexandre, casado y padre de familia, se entera de que el sacerdote que abusó de él cuando era *boy scout* sigue trabajando con niños. Ayudado por otros supervivientes, se lanza a denunciar los abusos sufridos, tratando de evitar nuevas víctimas. El arzobispo reúne a Alexandre con su agresor, el padre Bernard Preynat, para que se perdonen (tremenda y violenta imprudencia, cuando no se ha hecho antes todo un proceso). Pero su primer objetivo no es ayudar a Alexandre, ni siquiera poner fin a la conducta criminal del padre Preynat. Solo pretende que Alexandre desista de seguir con los trámites de la denuncia.

Este falso y forzado perdón jamás podrá conseguir la recuperación de la víctima y, de paso, la del agresor, cuya posible sanación pasa por arrepentirse, reconocer sus crímenes y someterse a las exigencias de la justicia, sin desesperar de la misericordia. En esta línea, es tremendamente lúcida la intervención de la mujer de Alexandre: "Si hubieras perdonado, serías prisionero suyo para siempre". En efecto, este perdón forzado, precipitado, no hubiera conseguido desligar definitivamente a la víctima de su agresor. Por tanto, el perdón no pude jamás ser sinónimo de renuncia a las exigencias de la justicia[13].

Si un acompañante o terapeuta tiene esas concepciones erróneas del perdón, nunca debería trabajar con supervivientes, pues lo único que conseguirá será cerrar heridas en falso, que solo aumentarán la sensación de impotencia y de culpabilidad de las víctimas-supervivientes que acompaña[14].

El perdón debe ser entendido como ese proceso que ayuda a que la víctima pueda romper los invisibles vínculos que la encadenan aún a su agresor. El perdón suele encontrarse al final de un camino donde se han podido elaborar y dar salida a las emociones de la rabia y del dolor. Si no hay un proceso de justicia y reparación, puede ser más difícil conseguir esa liberación, de forma que la figura del agresor o de la institución ya no tengan capacidad para determinar el bienestar emocional de la persona superviviente.

Aun así, conozco casos donde conseguir justicia y reparación no ha sido posible, y, sin embargo, la persona ha tomado la decisión de perdonar, como un acto de profundo amor a uno mismo: "No quiero que el resentimiento y el rencor me quiten el brillo a mis ojos, me roben la paz; por eso, más allá de si hay justicia o no, tomo la decisión de perdonar". El perdón es una decisión, libre y voluntaria, es un derecho de la víctima, nunca una obligación. El que sea

---

[13] Sobre este tema me explayo en el libro *Te llamarán mi favorita. Sanar la herida espiritual de los abusos*, PPC, Madrid 2024, en el capítulo titulado "Hasta que brote la aurora de tu justicia ".

[14] Recomiendo para profundizar en este aspecto el excelente artículo de María Prieto-Ursúa, "Sobre la posibilidad de perdón en el abuso sexual", en *Papeles del psicólogo* 44 (1), 28-35.

una decisión nos ayuda a entender que el amor es mucho más que solo un sentimiento.

Esta decisión de perdonar ayuda a que poco a poco se vayan mitigando los pensamientos repetitivos e intrusivos y las emociones negativas hacia el agresor, la institución o uno mismo: enfado, hostilidad, odio, resentimiento, ira, vergüenza, impotencia, etc. En mi experiencia como confesor, he podido ver cómo gente que se acusaba y sufría por no poder perdonar en realidad era porque entendían mal el concepto del perdón. Conversando con ellos a qué se referían con no poder perdonar, y explicándoles después el proceso del perdón, he llegado muchas veces a la conclusión de que la gente "perdona mucho más de lo que piensa".

Jesús, en la cruz, nos está enseñando un camino hacia la paz y la liberación con su manera de orar por sus verdugos: "Perdónales, Padre, porque no saben lo que hacen". Siempre me llamó la atención que Jesús no dice: "Padre, yo les perdono", sino "perdónales tú". ¿Qué puede significar esto? Es como si Jesús dijera: "Perdónales tú, porque yo no puedo". Pienso que Jesús aquí está, una vez más, identificándose hasta las últimas las consecuencias con nuestra impotencia, con esa incapacidad profunda que experimentan muchas víctimas a la hora de afrontar el tema del perdón. De esta manera, Jesús nos enseña a delegar la responsabilidad del perdón en Dios, librándonos de la autoexigencia de "tener que perdonar", esperando así que el perdón sea el fruto maduro de un proceso de sanación interior.

Te dejo a continuación dos testimonios impactantes. El primero, aunque no es una víctima de abusos, nos muestra un camino de sanación desde el perdón, y cómo se puede encauzar y resignificar un dolor tan desgarrador. Se trata de una mujer colombiana que compartió su historia durante el viacrucis con el papa Francisco en Roma, en la Semana Santa del 2023:

> En 2012, la explosión de una bomba puesta por los guerrilleros me destrozó una pierna. La metralla me provocó decenas de heridas en el cuerpo. De aquel momento recuerdo los gritos de la gente y la sangre por todas partes. Pero lo que más me aterrorizó fue ver a mi hija de siete meses, cubierta de sangre, con muchos trozos de vidrio incrustados en su carita. ¡Lo que debe haber sido para María ver el rostro de Jesús deformado y ensangrentado!

> Yo, víctima de esa violencia insensata, experimenté rabia y resentimiento, pero después descubrí que, si difundía odio, creaba aún más violencia. Comprendí que dentro de mí y a mi alrededor había heridas más profundas que las del cuerpo. Comprendí que muchas víctimas necesitaban descubrir, tal como lo hice yo, y a través de mí, que tampoco para ellos esto había terminado y que no se puede vivir de resentimiento.

> De este modo, empecé a ayudarlos: estudié para enseñar a prevenir los accidentes causados por los millones de minas diseminadas en nuestro territorio. Agradezco a Jesús y a su madre por haber descubierto que enjugar las lágrimas de los demás no es tiempo perdido, sino la mejor medicina para curarse a uno mismo.

El segundo testimonio que quiero rescatar es muy conocido. Se trata de la hermana Lucy, violada por los serbios durante la Guerra de los Balcanes. La hermana Lucy abandonó su vida religiosa y el convento, optando por la maternidad. Se ha utilizado su testimonio sobre todo para apoyar la causa Provida, en la lucha contra el crimen del aborto. Esto ha hecho, en mi opinión, que se nos olvidara que se trata del testimonio de una superviviente de violación, de esa agresión sexual que en tantos lugares se sigue utilizando como arma de guerra.

Sin duda, su valiente testimonio puede regalar a los supervivientes la esperanza de que es posible romper las cadenas del odio que nos atan a nuestros agresores gracias al perdón:

> Aquella noche fue terrible. Dentro de mí se desencadenó una lucha terrible: me preguntaba por qué Dios permitía que yo fuese desgarrada, destruida, precisamente en lo que era la razón de mi vida. [...] Yo ya decidí: seré madre. El niño será mío y de nadie más. Podría confiarlo a otras personas, pero él tiene derecho a mi amor de madre. Además, alguien tiene que empezar a romper la cadena del odio que destruye desde siempre nuestros países. Por eso, al hijo que vendrá le enseñaré solo el amor. Este hijo nacido de la violencia testificará junto a mí que la única grandeza que honra al ser humano es la del perdón.

ORACIÓN

Sin más, te invito a ponerte a los pies del crucificado. No te sientas culpable ni indigno si aún experimentas recuerdos vivos y sangrantes y emociones dolorosas como si fueran de ayer mismo. Tente paciencia. Jesús no te juzga, te mira con una ternura inmensa. Recuerda que eso no tiene por qué significar no haber perdonado. Desahoga tu corazón ante él. En mi propia carne he experimentado varias veces el poder que tiene hacer propia esta oración de Jesús. He sentido que me "vacunaban" por así decir, contra un odio y un resentimiento que no me conducía a ningún lugar. Te invito a orar con este pasaje y escribir aquello que te brote del corazón.

www.e-sm.net/222892_06

‖ PALABRA

Hoy estarás conmigo en el paraíso

LECTURA BÍBLICA

Uno de los que estaba crucificado con él le dijo: "Señor, acuérdate de mí cuando llegues a tu reino". Jesús le contestó: "Te aseguro que hoy estarás conmigo en el reino de mi Padre".

Lc 23,44

MEDITACIÓN

Lo primero que me impacta de esta lectura es que es un diálogo entre crucificados. Esto significa que, desde nuestra cruz, también podemos gritarle a Jesús para que se acuerde de nosotros, que no nos abandone. Qué importante es, una vez más, que las víctimas-supervivientes sepan descubrir en la víctima por excelencia su única esperanza. Podríamos orar así:

> Jesús, estoy clavado en cruz como tú,
> pero no por haber sido ladrón.
> Al contrario, es a mí a quien
> han robado y despojado:
> me robaron mi inocencia, mi infancia,
> el brillo de los ojos…
> Acuérdate de mí.
> Aquí en mi desesperación,
> cuando ya no hay salida alguna,
> acuérdate de mí.

Yo estoy seguro de que Jesús no pasa por alto una oración así, que sus entrañas se conmueven. Es impresionante la solemnidad con la que Jesús promete su reino a quien así le suplica: "En verdad, en verdad te digo: estarás conmigo en el paraíso". Evidentemente, con el paraíso, Jesús se está refiriendo a la vida eterna. Sin embargo, Jesús da una clave importante para entender que ese paraíso ya se puede iniciar, aun en medio de las luchas cotidianas, en esta vida. La clave está en el "conmigo". El paraíso es vivir con Jesús, tenerle como compañero, amigo, confidente, salvador. En la medida que estamos ya con él, podemos saborear algo del cielo, pues "la vida eterna consiste en conocerte a ti, Padre Santo, y a tu enviado Jesucristo" (Jn 17,3).

También es una palabra de vida para los victimarios. Si son capaces de salir de sus negaciones y justificaciones, si dejan de insultar y desprestigiar a la víctima que ellos han crucificado, también pueden gritar a Jesús, desde la cruz de su vergüenza y su humillación, un "acuérdate de mí". En la medida en que reconozcan sus crímenes y el daño que han causado, pidan perdón y traten de reparar el mal causado, entonces también ellos podrán entrar en el paraíso.

Me ha resultado muy evocativa la intervención del buen ladrón hacia su compañero de fechorías: "¿Es que no temes a Dios? Nosotros sufrimos justamente porque recibimos el pago de lo que hemos hecho. Este en cambio, no ha hecho nada malo [que es como quien dice: ¡es totalmente inocente!]". Nada más sanador para las víctimas de abusos que su agresor sea capaz de proclamar públicamente la inocencia de sus víctimas y se responsabilice de sus actos criminales.

Lamentablemente, no parece que ese ladrón tema a Dios, ni siquiera en el umbral de su muerte. Me impresionó saber que Maciel, el fundador de los Legionarios de Cristo, en su lecho de muerte, siguió negando sus crímenes y no quiso confesarse, a pesar de la insistencia de quienes lo asistían[15]. En cambio, el buen ladrón fue capaz de reconocer sus crímenes públicamente y suplicar misericordia: "Señor, lo confieso. He sido un ladrón de almas. Robé la infancia, la inocencia, la alegría y vitalidad de mis víctimas. No merezco nada, pero ¡acuérdate de mí!". Ya sabemos la respuesta de Jesús.

Por otro lado, este pasaje puede enseñarnos algo esencial. El sufrimiento suele encerrarnos en nuestro propio mundo, volvernos autorreferenciales, egocéntricos. Es fácil caer en la queja, en el lamento, en el reclamo permanente, despotricando contra todo el mundo. Me impresiona cómo Jesús, en medio de sus tormentos, es capaz de regalar consuelo. No le gusta despertar ni lástima ni falsa compasión. Tampoco a los supervivientes. Ya a las mujeres de Jerusalén Jesús les había pedido que no lloraran por él, sino que se preocupen por ellas, por sus hijos, que los defiendan, los cuiden. Está descentrado de sí mismo. Aquí, en la cruz, lo vemos prometiendo el mayor consuelo que se puede ofrecer al ladrón arrepentido: "Hoy estarás conmigo en el paraíso". Y todavía tendrá tiempo para darnos a su madre y para suplicar el perdón hacia sus verdugos.

Realmente, contemplar así a Jesús en su pasión es una verdadera escuela para aprender a amar, con un amor que sobrepasa nuestras propias fuerzas. Jesús, desde la cruz, nos está diciendo que es posible amar en cualquier situación; que por muy heridos que estemos, abrumados o agobiados por el peso de nuestra cruz, siempre podemos todavía

---

[15] J. I. CORTÉS, *Lobos con piel de pastor. Pederastia y crisis en la Iglesia católica*, San Pablo, Madrid 2018, 138-139.

brindar consuelo, enjugar otras lágrimas, dar una sonrisa de esperanza. ¡Necesitamos comprender que no tenemos excusas para no amar!

Podemos terminar la meditación y abrir un fecundo proceso de reflexión con un texto del santo chileno, Alberto Hurtado, en el que se dice que, aún rotos por dentro, siempre podemos entregarnos a los demás:

Estos son los verdaderos cristianos:
aquellos en los que Cristo
ha entrado hasta el fondo.
Son el consuelo del mundo.
Todo predica en ellos:
la palabra sin duda;
pero también la sonrisa,
la bondad, la mano tendida.
Van siempre adelante,
rotos quizás en su interior,
abrazados serenamente a sus dificultades,
olvidados de sí mismos, entregados…
nada los detiene:
ni el menosprecio, ni la pobreza
ni la enfermedad, ni las burlas…
¡Aman y eso les basta!
Tienen fe, esperan.
En medio de sus dolores
son los felices de este mundo.

ORACIÓN

Puedes escribir aquí la oración que te brote a la luz de esta meditación.

www.e-sm.net/222892_07

III PALABRA

Ahí tienes a tu madre

LECTURA BÍBLICA

Junto a la cruz de Jesús estaban su madre
y la hermana de su madre, María, mujer de Cleofás,
y María Magdalena. Jesús, viendo a su madre y junto
a ella el discípulo a quien amaba, dice a su madre:
"Mujer, ahí tienes a tu hijo". Luego dice al discípulo:
"Ahí tienes a tu madre". Y desde aquella hora
el discípulo la acogió en su casa.

Jn 19,25-28

MEDITACIÓN

De las muchas cosas que podrían decirse de estas palabras de Jesús, me gustaría centrarme en el hecho de que, así como María estuvo al pie de la cruz de su hijo, la víctima por excelencia, así ella sigue estando incondicional al pie de nuestra cruz y de la cruz de todas las víctimas. Estoy convencido de que Jesús encontró aliento y fuerza en la mirada de su madre. Muchos supervivientes me han contado que la presencia de la Virgen en su vida impedía que la lámpara de su fe se apagara del todo. "Estaba completamente enfadado con Dios, pero no con la Virgen", me decía un superviviente.

Recuerdo especialmente el caso de una chica, que, no aguantando más los abusos espirituales y psicológicos que sufría en su congregación, un día bajó a la cocina a buscar un cuchillo y terminar con su vida. Me contaba que, al salir de la cocina con el cuchillo en la mano, vio una imagen de la Virgen en el pasillo y se detuvo: "Solté el cuchillo y me puse a llorar desconsoladamente; la Virgen me salvó la vida".

Otra superviviente me escribió agradecida para decirme lo mucho que le estaba ayudando una de mis canciones. Me decía que una noche en la que empezó a sentir una crisis de pánico se le había terminado el Orfidal[16]. Desesperada y no sabiendo qué hacer, se puso a escuchar la canción "¿No estoy yo aquí, que soy tu madre?", no una vez, sino unas ¡cincuenta veces!, hasta que al fin se quedó dormida. "Fue como si la Virgen me acurrucara y cantara esta canción de cuna", decía.

En todos estos testimonios se cumplen las palabras de una santa muy querida para mí, a cuyo santuario peregrinaba al menos tres o cuatro veces al año: santa Teresita de los Andes, carmelita y primera santa chilena: "Nadie mejor que María para poner en las heridas del alma las gotas del consuelo", solía decir.

Recientemente tuve una experiencia muy bonita: venía en el coche con un superviviente. Venía revuelto, no por las curvas, sino por las noticias desalentadoras recibidas sobre el proceso de su denuncia. Negatividad desatada, agresividad, etc. Los síntomas de la crisis de angustia comenzaban a aflorar. Le propuse rezar un rosario desde la aplicación del móvil. Fue impresionante como se serenó. Me dijo, como quien acaba de hacer un gran descubrimiento: "Mi psicóloga me recomienda siempre que haga ejercicios de respiración con algún mantra que pudiera repetir; me he dado cuenta de que eso ha sido repetir una avemaría detrás de otro". A partir de ahí, cada vez que vamos juntos en el coche, rezamos

---

[16] Es un psicofármaco de la familia de las benzodiacepinas, compuesto por lorazepam, que se usa para el tratamiento de ciertos estados depresivos; trata de calmar las crisis de ansiedad y nerviosismo.

el rosario. Le regalé un rosario muy bonito de madera, y me dice "que no se separa de él ni para dormir".

Una superviviente me compartió también cómo la Virgen, y en especial estas palabras de Jesús, "ahí tienes a tu madre", la estaban ayudando a reconciliarse con su niña interior:

> La verdad que ha sido muy duro, de mucho dolor, donde en algún momento también se hizo de noche. Fue precisamente en medio de la oscuridad donde comenzó a resonar el consuelo de una melodía: "Ahí tienes a mi madre, a tu madre. Déjate cuidar, déjate llevar. Será tu luna llena en las noches más oscuras, cuando arrecie el combate será tu mejor armadura. En su regazo encontrarás toda mi ternura".

> Poco a poco, de la mano de la Virgen, he ido saliendo del hondón de tanto sufrimiento. En su regazo que me arropa aprendo poco a poco a recuperar la confianza y a ir perdiendo el miedo de ser pequeña y sentirme tan frágil.

En su visita a Eslovenia, el papa Francisco sostuvo que la prueba de la compasión es "permanecer al pie de la cruz. María dolorosa simplemente permanece. Está al pie de la cruz. No escapa, no intenta salvarse a sí misma, no usa artificios humanos y anestésicos espirituales para huir del dolor". Y más adelante subrayó que la madre de Jesús "permanece con el rostro surcado por las lágrimas, pero con la fe de quien sabe que en su Hijo Dios transforma el dolor y vence la muerte". Esta es la fe y la esperanza que nos transmite María en todas nuestras cruces: que el dolor y el sufrimiento no tendrán la última palabra. Madre de la esperanza, ruega por nosotros, y ayúdanos a estar también al pie de la cruz de nuestros hermanos.

ORACIÓN

Para tu oración, te propongo cualquiera de estas dos canciones: *¿No estoy yo aquí que soy tu madre?* (donde podrás escuchar las mismas palabras que la Virgen le dirigió a san Juan Diego) o *Ahí tienes a tu madre* (donde podemos escuchar a Jesús desde la cruz, entregándonos como su gran legado y tesoro y a su misma madre):

....

....

....

....

....

....

....

....

....

....

....

....

....

....

www.e-sm.net/222892_08

www.e-sm.net/222892_09

IV PALABRA

Dios mío,
¿por qué me has abandonado?

LECTURA BÍBLICA

Alrededor de la hora novena, Jesús gritó con gran voz: *"Eli, Eli, lama sabactani!"*. Es decir: "¡Dios mío, Dios mío! ¿Por qué me has abandonado?".

Mt 27,46

MEDITACIÓN

En su pasión, Jesús se solidariza hasta el extremo con todas las víctimas que en medio de su sufrimiento se han sentido abandonadas incluso por Dios. Para profundizar un poco más en este momento culmen de la vida de Jesús, me tomo la libertad de inspirarme en uno de los autores que más me ha ayudado y acompañado en mi camino como misionero. Meditando sobre estas palabras que tantos quebraderos de cabeza han dado a comentaristas y expertos a lo largo de los siglos, decía Martín Descalzo[17]:

> Todos morimos solos, incluso cuando lo hacemos rodeados de amor. Por mucho que el agonizante tienda su mano y se aferre a otra mano, sabe que allá, en el interior, donde se libra el último combate, está solo, definitivamente solo. Jesús no quiso sustraerse a esta ley de la condición humana. Y vio su soledad multiplicada por el espanto de quien muere joven y en una cruz, odiado y despreciado y, al mismo tiempo, dramáticamente consciente de todos sus dolores.

Sin embargo, esa soledad extrema en Jesús se convierte en sufrimiento inimaginable. Él, que es uno con el Padre (Jn

---

[17] J. L. MARTÍN-DESCALZO, *Vida y misterio de Jesús de Nazaret*, Sígueme, Salamanca 2004, 1141.

10,30), experimenta ahora su lejanía y ausencia en el centro mismo de su alma. Sigue diciendo Martín Descalzo: "Por eso grita. Porque este dolor es más agudo que todos los de la carne juntos". Y es que Jesús, en la cruz, está incorporando en sí todos los pecados del mundo, hasta llegar, como dice san Pablo en una frase espeluznante, a hacerse pecado por nosotros (*cf.* 2 Cor 5,21). Jesús se está haciendo pecado, lo contrario al amor, al ser y la identidad de Dios. Por eso, a la luz de una meditación del cardenal Newman, sobre los dolores espirituales de Cristo en su pasión, escribe Martín Descalzo[18]:

> Jesús no es, ni siquiera en este momento, pecador, pero, en algún modo misterioso, se experimenta pecador. Es como si sus manos purísimas, hechas para acariciar a los niños, hubieran acuchillado, disparado, ametrallado en las catorce mil guerras de la historia. Como si sus labios, que enseñaron a rezar el padrenuestro, hubieran dicho todas las mentiras de la historia, todos los besos sucios de la historia, todos los millones y millones de blasfemias. Como si su corazón, que ayer instituyó la eucaristía, se convirtiera en un frío bloque de odios, de envidias, de avaricias, de incredulidades, de crueldad.

Por eso, porque el pecado es lo radicalmente opuesto a Dios, Jesús experimenta en sí mismo la ausencia y el vacío del Padre. Nadie como Jesús ha medido plenamente el abismo que separa el bien y el mal, el cielo y el infierno, el amor y el odio, el "sí" dicho a Dios y su negación (Journet). De esta manera, todos los crucificados de la historia pueden encontrar en este Dios crucificado a su hermano y su salvador, identificado hasta un extremo inimaginable y hasta el

---

[18] *Idem, ib.,* 1141.

final con todas víctimas, con todos los que se sienten abandonados por Dios, arrojados a un abismo de oscuridad, ausencia, vacío absoluto. Dicho esto, este grito lacerante de Jesús está cargado de esperanza, porque como vamos a ver, su clamor es parte de una oración. ¡Jesús está orando en la cruz, desde el abismo de su sufrimiento extremo!

Dios mío, Dios mío, ¿por qué me has abandonado?
Dios mío, de día clamo, y no respondes,
también de noche, no hay silencio para mí.

Esta frase es el primer versículo de Salmo 21. ¡Cuántos lo habrán rezado a lo largo de la historia! Ahora Jesús en su agonía lo reza. Dios Padre, ante su hijo amado en cruz, parece que fuera duro, frío, insensible, sin entrañas, extremadamente indiferente. Es más, al morir en una cruz, es como si Dios lo estuviera castigando, pues era la suerte de aquellos que habían sido maldecidos por él. Los siguientes versículos son impactantes porque pareciera que el salmista hubiera sido testigo de lo que sucedió el Viernes Santo: describe con un realismo muy crudo los sufrimientos de Jesús.

Y yo, gusano, que no hombre,
vergüenza del vulgo, asco del pueblo,
todos los que me ven de mí se mofan,
tuercen los labios, menean la cabeza:
"Se confió a Yahvé, ¡pues que él le libre,
que le salve, puesto que le ama!".
Está seco mi paladar como una teja.
Me taladran las manos y los pies,
se reparten mis ropas, echan a suerte mi túnica.

No sabremos nunca si Jesús rezó el salmo completo, y si en su estado era consciente de cómo terminaba dicho salmo. Comenta la teóloga protestante Lytta Basset que, "a menudo, se lee en los comentarios de este salmo que, al gritar estas palabras, Jesús tenía en mente el final del salmo". Sin embargo, esto no es algo tan evidente, y menos en aquel estado agonizante. Lo que pasa, dice esta teóloga, es que "a muchos les resulta insoportable considerar que Jesús expirara en semejante tormento". Y añade algo que ha sido realmente inspirador para mi oración y que me hace mucho sentido[19]:

> Yo tiendo a pensar que la única "tabla de salvación" consistió para Jesús en vincularse casi instintivamente a esos seres humanos de todos los tiempos que soportan el mismo horror. Como si, al no poder ya dirigirse a ese Padre lleno de ternura, al dejar de sentir su presencia, uniera su voz a la de esas víctimas innumerables cuyo único recurso es invocar al Totalmente Otro distinto de la perversión.

Sea lo que sea, lo cierto es que Jesús estaba orando, más allá de que llegara hasta el final o no del salmo. Los versículos finales son una declaración de total confianza en la que Dios al final hará justicia y no dejará que el sufrimiento tenga la última palabra:

> ¡Mas tú, Yahvé, no te estés lejos,
> corre en mi ayuda, oh, fuerza mía, [...]
> ¡Anunciaré tu nombre a mis hermanos,
> en medio de la asamblea te alabaré!
> Porque no ha despreciado
> ni ha desdeñado la aflicción del mísero;
> no le ocultó su rostro,
> y cuando le invocaba le escuchó.

---

[19] L. BASSET, *Hacer frente a la perversión. Recursos espirituales inesperados*, PPC, Madrid 2023, 147. Recomiendo muy encarecidamente la lectura de este libro.

Esa es la esperanza de nuestra fe. Dios no desprecia nuestros dolores ni vuelve su rostro ante nuestra aflicción. Cómo me encantaría que todos los supervivientes pudieran sentir que en su vida se cumplen también estos versículos: "No has despreciado ni desdeñado mi aflicción. [...] No me has ocultado tu rostro. Cuando te invoqué, tú me escuchaste". Y nosotros: ¿abandonaremos a las víctimas?

ORACIÓN

Además de expresar a Dios tu propio clamor, tal vez sería un buen momento para orar por las personas que conozcas que experimentan esta lejanía y abandono de Dios:

....

....

....

....

....

....

....

....

....

www.e-sm.net/222892_10

V PALABRA

Tengo sed

LECTURA BÍBLICA

Después de esto, sabiendo Jesús que ya todo estaba cumplido, para que se cumpliera la Escritura, dice: "Tengo sed". Había allí una vasija llena de vinagre. Sujetaron a una rama de hisopo una esponja empapada en vinagre y se la acercaron a la boca. Cuando tomó Jesús el vinagre, dijo: "Todo está cumplido". E inclinando la cabeza entregó el espíritu".

Jn 19,28-30

MEDITACIÓN

La sed espantosa que debió sufrir Jesús se debía, sin duda, a que llevaba desangrándose desde hacía mucho tiempo a través de todas las heridas provocadas. Este grito de Jesús ha inspirado la entrega de muchos santos a lo largo de su vida. Ha sido un clamor que se les ha incrustado en el alma y movilizado todas sus energías en la entrega a los demás. No en vano, en todas las capillas de la comunidad fundada por la madre Teresa de Calcuta, tienen escrita esta frase. Este sigue siendo el grito que muchas víctimas-supervivientes siguen lanzando a los cuatro vientos.

Mi experiencia en el acompañamiento me ha mostrado que, una vez que han dado los primeros pasos de la sanación, una vez que la persona se siente un poco más armada por dentro, por así decir, suele aparecer la pregunta de si tienen que denunciar o no. Lo ideal sería siempre denunciar. Ninguno de estos crímenes debiera quedar impunes, incluso aunque hayan prescrito. Sin embargo, ya hemos visto que no es nada sencillo dar este paso. Para ello, la persona superviviente, ya adulta (no hablo de menores, pues en estos casos la obligación de poner en conocimiento de la fiscalía y de las autoridades civiles del lugar es muy clara), tiene que haber logrado una cierta estabilidad en su proceso, haber dado ya ciertos pasos en su camino de sanación[20].

A veces, se preguntan si esa inquietud por denunciar no será motivada por el odio y el resentimiento. Pienso que, más bien, su inquietud responde a una necesidad profundamente humana de saciar su hambre y sed de justicia. Esta hambre y esta sed no tienen nada que ver con la venganza. Al contrario, es motivo de bienaventuranza (cf. Mt 5,6). Un día me encontré con un pasaje del libro del Apocalipsis, que se me hizo tremendamente iluminador: los redimidos, aquellos que han sido degollados a causa de la palabra de Dios y del testimonio (podríamos decir, aquellos que han sido víctimas), cuando se presentan ya en la eternidad ante el trono de Dios, lo primero que preguntan, gritando con fuerte voz, es: "Dios Santo y veraz, ¿hasta cuándo vas a estar sin hacer justicia?" (Ap 6,9-10).

Es como si a los redimidos no les bastara estar ya en la gloria, como si el gozo de su salvación solo se completara al ver que Dios realmente hace justicia. Jesús puso claramente la necesidad de justicia al mismo nivel que el pan y el agua: esencial para vivir. Estamos ante una necesidad básica de la existencia. Así pues, esta sed de justicia es un clamor del cual

---

[20] En el libro *Ya no te llamarán abandonada*, ofrecí claves para acompañar el discernimiento de la denuncia. Por lo mismo no trato nuevamente aquí el tema. Solo diré que, al final, es una decisión que la persona debe tomar por sí misma, lo más libre y consciente posible (páginas 139-141).

hay que hacerse cargo también en el acompañamiento y la atención pastoral a las víctimas. Así lo expresaba una víctima:

> Después de más de un año y medio de haber presentado la denuncia canónica, sigo sin noticias. Habría que saber y hacer saber que la justicia ayuda a la recuperación, y la espera de la definición de la misma es causa de angustia, de ansiedad, de depresión, de indefensión.

La falta de justicia o su retraso injustificado[21] instaura el resentimiento, que está en la base de muchos conflictos sociales. La palabra de Dios está llena de apremiantes llamadas a la justicia. Nos dice: "Siembra paz y cosecharás justicia" (Sant 3,18). También podría leerse a la inversa: "Siembra justicia y cosecharás paz". La primera característica de ese cielo nuevo y esa tierra nueva que anhelamos" será que en ellos "habitará la justicia" (2 Pe 3,13).

San Pablo nos recuerda que lo esencial del reino de Dios no es comer o no comer este o aquel alimento, sino la justica, la paz y la alegría (*cf.* Rom 14,17). Para muchos supervivientes, la única opción de encontrar la anhelada paz en su vida es encontrar justicia. Son como la viuda pobre que se presenta ante el juez injusto, "que no temía a Dios ni respetaba a nadie", y no se cansan de pedirle que haga justicia (Lc 18,1-8).

Al final, el juez teme la reacción agresiva de la viuda y, para que deje de molestarle, decide hacerle justicia. A veces nos quejamos de la virulencia con la que las víctimas y supervivientes nos tratan: ¿qué otra cosa queremos si no nos ha-

---

[21] Fue Montesquieu quien hizo célebre el siguiente aforismo: "*Iustitia delata, iustitia negata*", que significa: "La justicia dilatada, es justicia negada".

cemos cargo del grito que nos lanzan desde su cruz, "tengo sed"? Como Iglesia, debiéramos hacer nuestras las palabras de Jesús: "Y Dios, ¿no hará justicia a sus elegidos que le claman día y noche?" (Lc 18,7). A ver si resulta que el juez injusto es más buena gente que Dios. San Juan Pablo II, en su célebre viaje a Chile en 1987, gritó a los cuatro vientos aquella famosa frase de que "los pobres (las víctimas) no pueden esperar". Y nosotros, ¿les haremos esperar?

Te dejo esta canción que compuse, *Tengo sed*[22], por si te ayuda a pedir que el grito de Jesús se clave más en nuestra alma:

Haz, Señor, que se me clave en el alma,
como un dulce tormento, como espada de fuego,
tu grito: "¡Tengo sed!".
Y que no pueda dejar de amarte ni un momento,
que quebrante mi sordera y toda tibieza.
¡Vuélveme a gritar!

¡Tengo sed, tengo sed! ¡Si tú supieras,
todo el bien que por mí puedes hacer!
¡Tengo sed, tengo sed! ¡Te necesito! ¡Dame de beber!
Haz, Señor, que tu mirada arrebate,
lo mejor de mi vida, mis talentos y afectos,
que cautive todo mi ser.
Y que mi único anhelo sea darte vida,
y mi única alegría curar tus heridas.
¡Vuélveme a gritar!

¡Tengo sed, tengo sed! ¡Si tú supieras,
todo el bien que por mí puedes hacer!
¡Tengo sed, tengo sed!
¡Te necesito! ¡Dame de beber!

www.e-sm.net/222892_11

---

[22] Aunque musicalmente, al ser de mi primer disco, y debido a toda la inexperiencia de ese momento, no tiene mucha calidad, pienso que la letra y la melodía es muy significativa.

ORACIÓN

Puedes escribir aquí la oración que te brote a la luz de esta meditación.

VI PALABRA
Todo está cumplido

LECTURA BÍBLICA

Al probar Jesús el vinagre, dijo: "Todo está cumplido". Luego inclinó la cabeza y entregó el espíritu.

Jn 19,30

MEDITACIÓN

En estas tres palabras de Jesús, justo antes de morir, vemos, por un lado, la conciencia de Jesús al ver cómo se fueron cumpliendo en él las profecías de los salmos y los profetas. También se pueden entender en el sentido de quien tiene la satisfacción profunda, en medio de sus dolores, de haber llevado a cabo hasta el final la obra que Dios le encomendó. Es la alegría y la paz interior de quien al morir siente que lo dio todo, que no reservó nada por ser fiel a su misión en este mundo. Dicho esto, ¿qué luz puede arrojar esta frase para los supervivientes?

Sin duda, hay que desterrar cualquier tentación de considerar que los sufrimientos de las víctimas son parte de un plan previamente orquestado por Dios, con los cuales se ha ido cumpliendo su obra. Esto transmitiría la imagen de un Dios detestable[23]. Por otro lado, pienso que a cualquiera le gustaría llegar al final de su vida sintiendo que trató de cumplir su misión hasta al final de sus días. Evidentemente, esto significa haber descubierto cuál era esa misión que dio sentido a todos los desvelos y esfuerzos del día a día.

---

[23] Sobre este punto puedes profundizar en L. A. ZAMORANO, *Te dirán mi favorita. Sanar la herida espiritual de los abusos*, PPC, Madrid 2024.

Al preguntarle a un superviviente qué le decía esta palabra, encontré una respuesta muy sugerente y que no se me había ocurrido. Me dijo que le ayudaba a tener la tranquilidad de que todo lo que podía hacer de su parte para encontrar justicia y para sanar ya estaba hecho. Ahora solo cabía esperar: "He denunciado por lo civil, en Doctrina para la Fe, en la congregación de los obispos, he escrito al Papa". ¿Qué más podría hacer? Lo he cumplido todo; he presentado todos los papeles que me han pedido, ¿qué más quieren?".

Desde este testimonio, puede entenderse que es como si Jesús también dijera: "Padre, ahora te toca a ti". Lo mismo sienten los supervivientes: "Ahora la pelota está en el tejado de la justicia, de la Iglesia; les toca a ellos responder". Después de quedarse un rato en silencio, añadió: "Pensándolo bien, si no hacen nada, todavía puedo hacer una cosa más: filtrarlo todo en prensa. Al fin y al cabo, parece que solo reaccionan cuando se ven descubiertos por los medios". Tristemente, los hechos parecen darle la razón a mi amigo.

Por último, también podría entenderse esta frase como la alegría de ver que Dios ha cumplido sus promesas, como le dijo Isabel a María: "Feliz tú porque creíste que lo que te ha prometido el Señor se cumplirá" (Lc 1,45). No es descabellado poner en labios de Jesús un "¡Padre, has cumplido! Nunca me has fallado. Sé que ahora tampoco lo harás. Me hiciste plenamente feliz siguiendo tus caminos. Solo puedo agradecerte".

Ojalá ningún superviviente tuviera que dejar este mundo sin que esa promesa de justicia y de vida plena que hace Dios se haya cumplido lo más posible en sus existencias adoloridas. Recuerdo el caso de Emiliano: fue de los primeros que habló, que luchó. Lamentablemente, se fue de este mundo sin haber recibido ni reconocimiento, ni justicia, ni reparación. Para todos los que le conocimos, fue un dolor muy grande. Una vez más, en gran parte, está en nuestras manos como Iglesia el que las víctimas y sus familias puedan encontrar la paz, y decir como Jesús: "Padre, has sido fiel, has cumplido tus promesas".

ORACIÓN

Escribe, si quieres, lo que sientes que te dice Jesús con esta palabra, o lo que te brota a ti decirle. Puedes orar también con esta bonita canción:

....

....

....

....

....

....

....

....

....

www.e-sm.net/222892_12

VII PALABRA

A tus manos
encomiendo mi Espíritu

LECTURA BÍBLICA

Y Jesús, clamando a gran voz, dijo: "Padre,
en tus manos encomiendo mi espíritu".
Y habiendo dicho esto, expiró.

Lc 23,46

MEDITACIÓN

Jesús termina su peregrinación con estas hermosas palabras. Expresan su confianza de que su vida no cae en el vacío, no se disuelve en la nada. Me gusta pensar que Jesús hacía esta oración muchas veces, todos los días. En el momento de su agonía, le brota la confianza que tanto ha cultivado en su día a día. No es una oración que se improvisa. Esta expresión de Jesús en la cruz es un versículo del Salmo 31. Puede ayudarnos a encontrar esa sensación de refugio y protección que todos necesitamos, especialmente cuando nos sentimos más vulnerables: "Refugio mío, alcázar mío, Dios mío, confío en ti; en tus manos encomiendo mi espíritu". En medio de la indefensión, puedes expresar tu súplica a Dios con total confianza (Sal 31,2-6):

En ti, Yahvé, me cobijo,
¡oh, no sea confundido jamás!
¡Recóbrame por tu justicia, líbrame,
tiende hacia mí tu oído, date prisa!
Sé para mí una roca de refugio,
alcázar fuerte que me salve;
pues mi roca eres tú, mi fortaleza. [...]
Sácame de la red que me han tendido,
que tú eres mi refugio;

en tus manos mi espíritu encomiendo,
tú, Yahvé, me rescatas.
Yo en Yahveh confío:
¡exulte mi ser y en tu amor me regocije!

Los siguientes versículos describen de forma milimétrica los sufrimientos de Jesús y, con él, los de tantas víctimas, cuyas vidas se consumen en la aflicción (Sal 31,7-14):

Tú que has visto mi miseria,
y has conocido las angustias de mi alma,
tenme piedad, Yahvé,
que en angustias estoy.
De tedio se corroen mis ojos,
mi alma, mis entrañas.
Pues mi vida se consume en aflicción,
y en suspiros mis años;
sucumbe mi vigor a la miseria,
mis huesos se corroen. [...]
Asco soy de mis vecinos,
espanto de mis familiares.
Los que me ven en la calle
huyen lejos de mí;
dejado estoy de la memoria como un muerto,
como un objeto de desecho.
Escucho las calumnias de la turba,
y todo me da miedo,
mientras se aúnan contra mí en conjura,
tratando de quitarme la vida.

Pero una vez más, el salmista es capaz de levantar la mirada de su propio sufrimiento y ponerla en el único que lo puede salvar. A veces, la oración es simplemente lanzarle nuestro grito, así como Pedro cuando se estaba hundiendo en las aguas tormentosas: "¡Sálvame, que me hundo, sálvame, por tu amor!".

Mas yo confío en ti, Yahvé,
me digo: "¡Tú eres mi Dios!".
Está en tus manos mi destino, líbrame
de las manos de mis enemigos y perseguidores;
haz que alumbre a tu siervo tu semblante,
¡sálvame, por tu amor!

Una vez más, esa súplica es escuchada. Nuestro Dios extiende su mano para rescatarnos, como hizo con Pedro. Pidamos que ojalá todas las víctimas y supervivientes puedan experimentar cómo esta palabra se cumple también en su vida (Sal 31,20-23):

¡Qué grande es tu bondad, Yahvé!
Tú la reservas para los que a ti se acogen. [...]
Tú los escondes en el secreto de tu rostro,
lejos de las intrigas de los hombres;
bajo techo los pones a cubierto
de la querella de las lenguas.
¡Bendito sea, Yahvé, que me ha brindado
maravillas de amor!
¡Y yo que decía en mi inquietud:
"Estoy dejado de tus ojos!".
Mas tú oías la voz de mis plegarias
cuando clamaba a ti.

Que así sea. Amén, Señor Jesús.

ORACIÓN

Para la reflexión, puedes escuchar el salmo interpretado por la cantante argentina Athenas:

www.e-sm.net/222892_13

RESURRECCIÓN Y JUSTICIA

Cristo sufrió por vosotros, dejándoos ejemplo
para que sigáis sus huellas. El que no cometió
pecado, y en cuya boca no se halló engaño; el
que, al ser insultado, no respondía con insultos;
al padecer, no amenazaba, sino que se ponía
en manos de aquel que juzga con justicia;
el mismo que, sobre el madero, llevó nuestros
pecados en su cuerpo, a fin de que, muertos
a nuestros pecados, viviéramos para la justicia;
con cuyas heridas habéis sido curados. Erais
como ovejas descarriadas, pero ahora habéis
vuelto al pastor y guardián de vuestras almas.

1 Pe 2,21-25

San Pablo dice que, sin la fe en la resurrección, nuestra fe y
nuestra predicación sería vana y seríamos los más desgraciados de este mundo (1 Cor 15,14-17). Efectivamente, sin
esta esperanza, todo sería inútil, y ni la misma Iglesia tendría
sentido. El papa Benedicto lo expuso de forma maravillosa
en su encíclica *Spe salvi*. Solo anclados en la esperanza que
no falla "podemos afrontar nuestro presente: el presente,
aunque sea un fatigoso, se puede vivir y aceptar si lleva hacia
una meta". Continúa diciendo el Papa alemán (*Spe salvi* 31):

> El fundamento de esta esperanza, que resiste todas las desilusiones, solo puede ser Dios, pero no cualquier dios, sino
> el Dios que tiene rostro humano, que nos ha amado y que
> nos sigue amando hasta el extremo. [...] Su amor es para
> nosotros la garantía de que existe aquello que solo llegamos

a intuir vagamente y que, sin embargo, esperamos en lo más íntimo de nuestro ser: la vida que es realmente vida.

Sin esta promesa de vida plena en el horizonte, que ya experimentamos en esta vida cuando somos alcanzados por su amor, nuestra esperanza sería vana. ¿En qué consiste esta esperanza? Por supuesto, en el gozo pleno y eterno que Dios nos tiene preparado, y que "jamás ojo alguno vio, ni oído escuchó, ni cupo en la mente humana" (1 Cor 2,9). No existen palabras ni imágenes adecuadas para describir la felicidad que nos aguarda.

Sin embargo, en el contacto con las víctimas, he entendido que esta plenitud tiene, sí o sí, que consistir en el cumplimiento de la bienaventuranza: ¡por fin su hambre y su sed de justicia es colmada! Así pues, la resurrección vendría a ser esa instancia última y definitiva donde Dios por fin hace justicia, y donde todas las víctimas de la historia son rehabilitadas. Es ese encuentro con Dios, en el que "él enjugará toda lágrima de sus ojos, y ya no habrá muerte, ni habrá más duelo, ni clamor, ni dolor" (Ap 21,4).

Hemos visto que Jesús, la Víctima, muere poniendo su vida en manos del Padre. Confía en que no será devorado por la nada ni por el vacío de la muerte. Teniendo como música de fondo este versículo (a tus manos encomiendo mi espíritu), es muy sugestiva la relectura que hace el apóstol Pedro sobre la pasión de Jesús. Dice el autor de dicha carta que Jesús fue capaz de no responder a la violencia con insultos y amenazas, porque "se ponía en manos del que juzga con justicia". Para Jesús, Dios no solo es el *Abbá* fiel y lleno de ternura, sino también el Juez justo, que pone a cada uno en su lugar. Me gusta pensar que seguramente Jesús oró muchas veces con estos versículos del profeta

Isaías, que, de forma asombrosa, también se cumplen en su pasión (Is 50,6-9):

> Ofrecí mis espaldas a los que me golpeaban, mis mejillas a los que mesaban mi barba. Mi rostro no hurté a los insultos y salivazos. Pues que Yahvé habría de ayudarme para que no fuese insultado, por eso puse mi cara como el pedernal, a sabiendas de que no quedaría avergonzado. Cerca está el que me justifica: ¿quién disputará conmigo? Presentémonos juntos: ¿quién es mi demandante? ¡Que se llegue a mí! He aquí que el Señor Yahvé me ayuda: ¿quién me condenará?

El protagonista de este pasaje es valiente y no se echa atrás en su misión, porque tiene la esperanza cierta de que Dios lo defenderá y dará la cara por él, sabiendo que no quedará avergonzado. A pesar de todos los maltratos y abusos humillantes a los que es sometido, sabe que al final Dios es quien lo justifica. Esta palabra, que es clave en la teología, etimológicamente proviene de "*ius*" ('derecho', 'justicia') y "*facere*" ('hacer'). Por tanto, "justificar" significa, principalmente 'hacer justicia'. Es decir, podemos decir que a Jesús le sostenía la fe en este Dios que le haría justicia, lo rehabilitaría, le daría la razón y tendría la última palabra. El último acto de fe de Jesús en la cruz es precisamente ponerse en manos de Aquel que juzga con justicia. Este pasaje de Isaías es bellamente evocado también por san Pablo (Rom 8,31-35):

> Si Dios está con nosotros,
> ¿quién contra nosotros? [...]
> ¿Quién acusará a los elegidos de Dios?
> Dios es quien justifica.
> ¿Quién condenará?
> ¿Acaso Cristo Jesús,

> que murió, más aún,
> que resucitó y está sentado
> a la diestra de Dios
> e intercede por nosotros?
> ¿Quién nos separará del amor de Cristo?

Muchas víctimas no encontraron, ni encontrarán, lamentablemente, justicia ni reparación en este mundo. Pienso en miles de víctimas del terrorismo, de la guerra, del hambre, de abusos de todo tipo. Si no existiera esta instancia superior de justicia, por así decir, ¿cómo creer en la bondad de Dios? ¿Qué esperanza podrían tener de encontrar por fin un sentido a su vida sufriente y de resignificar su existencia? No se trata ni mucho menos de resignarnos ante el mal o de un consuelo barato, que nos condujera erróneamente a no luchar con todas nuestras fuerzas por erradicar tanta injusticia de este mundo.

Esta esperanza no es un opio para el pueblo, sino, al contrario, su fuerza para luchar por hacer de este mundo un lugar más semejante al "reino de los cielos" en el que creemos y esperamos. La fe en la vida eterna y la resurrección es la garantía de que el reino por el que luchamos existe y es posible, en la medida en que dejamos que Dios entre y transforme nuestra vida. A su vez, esta fe en la resurrección, junto con ser la esperanza de las víctimas, es también una seria advertencia para los victimarios. Las palabras de Jesús no admiten edulcoramientos (Mt 25,41-43):

> Dirá a los de su izquierda: apartaos de mí malditos, e id al fuego del infierno, preparado para el diablo y sus ángeles; porque tuve hambre y no me disteis de comer, tuve sed y no me disteis de beber; fui forastero y no me acogisteis, estuve desnudo y no me vestisteis.

Son ciertamente palabras duras. No se nos puede olvidar que todos debemos dar cuentas ante Dios. "El juicio será sin misericordia para quien no practicó la misericordia" (Sant 2,13). En la misma historia donde Jesús cuenta cómo la piedra desechada (la víctima) se ha convertido en piedra angular (*cf.* Mt 21,33-45), se nos advierte también sobre la suerte de los viñadores homicidas. Si pensaban que sus crímenes iban a quedar impunes y pasar desapercibidos ante el dueño de la viña, como si nada hubiera pasado, estaban muy equivocados. La parábola tiene un final trágico para ellos: "Los hará morir miserablemente y dará su viña a otros viñadores" (Mt 21,41).

A veces pienso que con estas palabras Dios está tratando de despertarnos de nuestra inconciencia. Se necesita un lenguaje duro y provocativo que nos sacuda y nos haga reaccionar antes de que sea demasiado tarde. Pienso en los líderes de la Iglesia, aquellos que tienen una mayor responsabilidad en administrar justicia, y también en cada uno de nosotros; de poco nos servirá decir aquel día: "Señor, hemos comido y bebido contigo y tú has enseñado en nuestras plazas" (Lc 13,26), si no hemos sido compasivos y misericordiosos, si no hemos enjugado las lágrimas de las víctimas que Dios puso en nuestro camino.

Escucharemos entonces estas duras palabras de Jesús: "No sé de dónde sois; apartaos de mí, todos los agentes de iniquidad" (Lc 13,17). Algunos traducen la palabra "iniquidad" por "injusticia". En efecto, no basta decir "Señor, Señor", ni haber predicado en su nombre, e incluso hecho milagros, para entrar en el reino de los cielos. Si no hemos sido justos y misericordiosos, si hemos despreciado y no cuidado a las víctimas, Jesús nos declarará: "Jamás os conocí; apartaos de mí los que cometéis iniquidad" (Mt 7,27). No es Dios es el que condena. Como dice san Agustín: "El que te creó sin ti, no te salvará sin ti". Somos nosotros mismos los que dictamos aquí nuestra propia sentencia.

No podemos, por tanto, jugar con el sufrimiento ajeno ni pasar de largo. Los condenados en el juicio final no lo son por haber hecho tal vez cosas muy malas, sino sobre todo por su omisión, por el bien que dejaron de hacer, por su mediocridad. Aunque aún nos falta mucho, la Iglesia va tomando cada vez más conciencia del delito que consiste en ser negligente y no actuar con justicia y caridad ante los casos de abusos.

Sí, la fe en la resurrección es la esperanza de que Dios pondrá a cada uno en su lugar. Si no hubiera esta última instancia, si al final de esta vida todos corriéramos, por así decir, la misma suerte, entonces da lo mismo cómo cada uno se comporte o no. Ofrecer reconocimiento, verdad, justicia y reparación a las víctimas es una obra de amor también hacia uno mismo. Si queremos tomar en serio nuestra propia salvación, estamos llamados, como dice el papa Francisco, a "obsesionarnos, desgastarnos y cansarnos, intentando practicar las obras de la misericordia" (*Gaudete et exsultate* 107), porque, como dice la Palabra de Dios, "el juicio será sin misericordia para el que no practicó la misericordia; pero la misericordia se ríe del juicio" (Sant 2,13).

Te invito a escribir, si lo deseas, lo que esta meditación ha provocado en ti: conversar con Jesús desde cualquiera de las citas bíblicas que he mencionado más arriba. Si te ayuda, puedes terminar también con esta oración-canción:

www.e-sm.net/222892_14

REFERENCIAS BIBLIOGRÁFICAS

DANIEL PITTET, *Le perdono, padre. Sobrevivir a una infancia rota*, Mensajero, Madrid 2017.

JON SOBRINO, *La fe en Jesucristo. Ensayo sobre las víctimas*, Trotta, Madrid 1999.

JOSÉ LUIS MARTÍN-DESCALZO, *Vida y misterio de Jesús de Nazaret*, Sígueme, Salamanca 2004.

JOSÉ LUIS SEGOVIA, ANÓNIMO y JAVIER BARBERO, *Víctimas de la Iglesia. Relato de un camino de sanación*, PPC, Madrid 2016.

JUAN IGNACIO CORTÉS, *Lobos con piel de pastor. Pederastia y crisis en la Iglesia católica*, San Pablo, Madrid 2018.

MARÍA PRIETO-URSÚA, "Sobre la posibilidad de perdón en el abuso sexual", en *Papeles del psicólogo* 44 (1), 28-35.

LUIS ALFONSO ZAMORANO, *Ya no te llamarán abandonada. Acompañamiento psicoespiritual a supervivientes de abuso sexual*, PPC, Madrid 2019.

LUIS ALFONSO ZAMORANO, *Te llamarán mi favorita. Sanar la herida espiritual provocada por los abusos*, PPC, Madrid 2024.

LYTTA BASSET, *Hacer frente a la perversión: recursos espirituales inesperados*, PPC, Madrid 2023.

ROCÍO FIGUEROA y DAVID TOMBS, "Viendo su inocencia, veo mi inocencia. Explorando respuestas a la idea de Jesús como víctima de abuso sexual", en DANIEL PORTILLO (coordinador), *Abusos y reparación. Sobre los comportamientos no sexuales en la Iglesia*, PPC, Madrid 2021.

ÍNDICE

PRÓLOGO. Ianire Angulo Ordorika 5
VIACRUCIS 9
  UN VIACRUCIS DESDE LAS VÍCTIMAS DE ABUSOS 10

I ESTACIÓN   17
Jesús es traicionado
por Judas con un beso

II ESTACIÓN   21
Jesús, víctima negada
y abandonada por sus amigos

III ESTACIÓN   25
Jesús, víctima burlada y ninguneada
por Herodes y su corte

IV ESTACIÓN   29
Jesús, víctima
juzgada injustamente

V ESTACIÓN   33
Jesús es desnudado
por primera vez

VI ESTACIÓN   37
Jesús, víctima de abusos
de poder y maltrato

VII ESTACIÓN   41
Jesús es desnudado
por segunda vez

VIII ESTACIÓN   45
Jesús, víctima, hace consciente
a Pilato de su poder

IX ESTACIÓN   51
Jesús, víctima que carga
el peso de la cruz y la abraza

X ESTACIÓN   57
Jesús es ayudado
por el Cireneo

XI ESTACIÓN   63
   Jesús, víctima, se encuentra
   con las mujeres de Jerusalén

XII ESTACIÓN   67
   Jesús es desnudado
   por tercera vez

XIII ESTACIÓN   73
   Jesús es crucificado
   desnudo

XIV ESTACIÓN   79
   Jesús es traspasado
   por la lanza del soldado

XV ESTACIÓN   83
   La resurrección de Jesús,
   resurrección de las víctimas

SIETE PALABRAS 90
SIETE PALABRAS DESDE LAS VÍCTIMAS DE ABUSOS ... 92

I PALABRA 95
Padre, perdónales
porque no saben lo que hacen

II PALABRA 103
Hoy estarás conmigo
en el paraíso

III PALABRA 109
Ahí tienes
a tu madre

IV PALABRA 115
Dios mío,
¿por qué me has abandonado?

V PALABRA 121
Tengo sed